大展好書　好書大展
品嘗好書　冠群可期

大展好書　好書大展

品嘗好書　冠群可期

武術特輯

153

莊茂山著

神遊太極

第二輯

徐憶中題

大展出版社有限公司

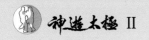

初練者應注意事項

一、摒棄雜念，意念斷守丹田，須臾不離，

二、舌抵上顎，遇有口液徐徐嚥下，便可化氣，

三、任何動作，必須以腰牽動手足，唯手足不
可自動也

四、兩手之換虛實在夾脊，兩足變換虛實在
尾閭，但須永保中定，

五、左手與右足之義神經，而及陰陽虛實宜參透之。

　　師　平嘯洲　指授　六八、四、廿三、

3

弘揚太極拳道

傳承鄭子正脈

茂山教練新著聞世

徐憶中敬賀

4

吞天之氣接地之
力壽人以柔

茂山順位屬

時中學社之長徐憶中恭錄

鄭曼青大師
三寶

太極拳經歌訣

極柔即剛極虛靈
運若抽絲氣處明
開展緊湊乃縝密
待機而動如貓行

茂山副理事長惠存

易靜波書

壬辰孟夏時年八十有二

6

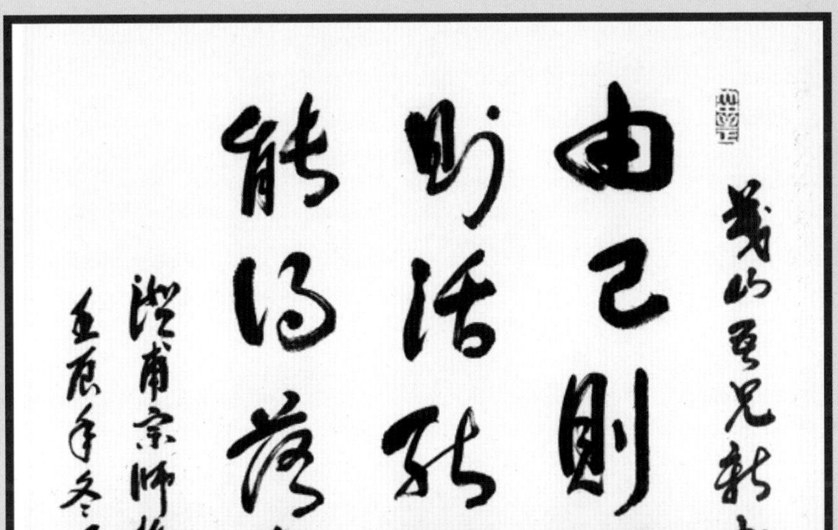

義山吾兄新書誌�

由己則滯
眀活於從人則
能悟養德之妙

滯於宗師惟乎應用心法

壬辰年冬月傳文鵬

7

鄭公曼青 宗師

崑山敬愛的賢婿留念

前坐者，您師爺五絕老人曼青公後立本人也。

愚師 干嘯洲 親筆贈

攝於五八、三、十三、

寫於六八、二、廿五、

民國六十八年二月攝
於信義拳社，於拜師後與
同期師兄姊合影。（左立
第一位為本人）

拜師時向孔子至聖與
師爺遺照行三跪九叩禮。
（左後跪立者為本人）

在信義拳社練拳後與
先師與師伯合影。

作者與徐憶中師伯合照。

師兄與徐憶中師伯餐敘後合影。

作者陪夏威夷歸國黃慶韶師兄拜訪林財賢師兄拳場與其學員合照。

　　作者伉儷與洪聰明師兄賢伉儷、黃律師鴻湖師兄與學員聚餐合照。

　　作者與瑞士籍學員Dominik Burch合照。

清明節陪徐憶中師伯赴宗師陵墓掃墓後合影。

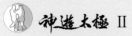

　　作者與美國無為拳社張瓊瓊師姊，熊師兄於榮星花園
體驗推手後合照。

目　錄

林　序……………………………………………… 19

自　序……………………………………………… 21

我的學拳之旅……………………………………… 27

學習太極拳推手之感言…………………………… 32

初學太極拳樁功與推手心得……………………… 37

眾裡尋師千百度…………………………………… 41

學習太極拳推手之我感…………………………… 44

學習太極拳感言…………………………………… 46

龍潭鄉太極拳委員會龍潭社・基本功分享……… 51

龍潭興龍太極拳發展協會專題演講──大将…… 56

修練太極拳樁功　從心開始……………………… 69

陰陽相濟…………………………………………… 103

虛實之間…………………………………………… 112

動靜之機…………………………………………… 124

談　勁……………………………………………… 132

再談接勁－腰腿求之……………………………… 155

引進落空合即出…………………………………… 169

神遊太極 II

同心圓理論 ……………………………………………… 174

圓勁的原理 ……………………………………………… 180

解析正襟危坐 …………………………………………… 186

有東西就是……有東西就能…… …………………… 191

膝蓋受傷非太極拳之原罪 ……………………………… 198

談太極拳功的感染力與滲透力 ………………………… 204

太極拳的真精神 ………………………………………… 208

對拉拔長 ………………………………………………… 213

雙重是病 ………………………………………………… 224

築基功法 ………………………………………………… 231

牧童拉牛過河 …………………………………………… 237

庭院深深深幾許 ………………………………………… 241

答問錄 …………………………………………………… 246

後記　太極拳的玄機 …………………………………… 268

林 序

　　立冬前夕茂山兄攜來神遊太極續集一冊，供余參閱，經反覆細讀，憶往情懷，思潮泉湧，感觸良深，彷彿昔日與干師伯相處，如沐春風再現，歷歷皆在眼前。屈指一數，余習太極拳，已逾四十餘載，學無所成，自恨愚蠢。夕陽無限好，只是近黃昏，不勝唏噓。引唐詩一段：「山迢迢，水滔滔，今日少年明日老，功名盡在長安道，山水依舊好，人已憔悴了。」

　　茂山兄秉承師訓，一片赤誠之心，善與人同，盡其多年來精研所得，提綱契領，鉅細靡遺，毫無藏私守秘，且不尚玄虛或牽強附會。知無不言，言無不盡之闡述，是一部不可多得，可供習者參考研究之圭臬。

　　茂山兄功德無量，續集付梓，要竊公諸於世，誠吾道之福，願此一術德兼修之良箴佳頌漫衍，更盼望能醒悟當下諸多同好，「知之於心，宣之於口，而不能嫻之於身之弊病」，安得廣長舌，樂予推薦之，並為作序。

甲午年閏九月　　林木火　謹識

自　序

修練太極拳功，從心開始，捨己從人，學吃虧。所謂「反者道之動，弱者道之用。」鄭宗師黑皮書後記曰：「學太極拳者，十之六七，得匆匆學畢一套功架，便以為了事，且時歇擱，便致輟學，真寶山空入，殊為惋惜。太極拳殊可稱為換骨金丹，然不是服一粒金丹，便可換骨，易所謂天行健，君子以自強不息，是謂人欲求自強，務在不息，然後可以如天之行健也。」

明・黃百家筆記云：「外家至少林，其術精矣，然未若武當之內家拳以柔化剛，雖得其一、二，亦足以勝少林。」此云似有貶少林而褒武當之嫌，實非也。其言以養生技擊而論，然非勝或敗之勝，乃優勝之勝也。內家拳即太極拳，其術以意氣為主，骨肉為賓，身心兼運，無過不及，非似其他拳法之偏於局部耳。溯其源可以老子之「專氣致柔」，孔子之「致中和」，孟子之「持其志，勿暴其氣」「吾善養吾浩然之氣」，此乃儒道二家最高哲理中庸之道也。若根據基本拳理依法習練，以心行氣，以氣運身，勿忘勿助，以直養而無害，則漸能氣通身軀不稍滯，讓全身各部均能修練出反射運動，自百會至湧泉無一處不輕靈，無一處不順遂，無一處不沈著，通體貫串，絲毫

無間，自然心恬意靜，身靈神足。朝夕行之，祛病健身，終身行之，益壽延年，豈非得其一、二，亦足以勝少林耶。」（六六老人序言）

引述此段，目的在強調太極內家拳，須從心開始修練，以心行氣，以氣運身，斂氣凝神，內外兼賅。在拳架上，如果祇是手舞足蹈，扭腰擺臀，搖頭晃腦，沒有鬆沈動盪，均非真太極。在推手上更要掌握意念與內氣之應用。曾有先賢說：「氣為意之使，心為意之主」，氣是被意念領導而運行的，氣若無意念的驅使、引導，則人體的一切行動運使，都將是平凡的活動，無法成就太極功夫。練出功夫來，就能在推手中隨心所欲，應付裕如，就能根據對方的實際情況，制對方於不知不覺中。故身上如果沒有一定的功力，不能推手，下盤不穩固，手掤不住對方，按不出去，一遇到較強的對手，身體就東倒西歪，勁就不完整。

林木火老師曾說：「修練太極功，要有銀行存錢的概念，如果能利用每天零碎的時間，及時修練就能累積鬆柔的功夫，則不虞提用。」所謂書到用時方恨少，行千里路，讀萬卷書，一分努力就有一分收穫。大自然界人事物均有一個定律，春耕、夏耘、秋收、冬藏。動物界裡，北極熊的貯存體內脂肪以捱過冬眠的漫長時光，松鼠的掘地埋果，蜜蜂勤勞地採蜜。植物之春芽、夏花、秋果、冬伏。練武何嘗不是如此，就如林木火老師所言：「外家拳年少耗氣，老來無氣，太極拳者，年少聚氣，老來氣足，存夠了本錢，就不虞提用。」

　　林老師亦常言：「推手是鍛鍊讓人打不到的功夫，而不是讓人打不倒的功夫。」所以光練推手不能長功夫，不能長根。功夫是紮好基本功之後，再從拳架練出來的，推手是鍛鍊運轉進退靈活，以及掌握各種沾黏發放的要領，是練懂勁的功夫。有了懂勁的功夫，雙方互推手時，手法、步法、身法能正確的應用在推手上。才能運化自如。能懂、能聽，才能做到「我不動，跟你走。」

　　更具體的說，「你要多少！我就給多少，咱倆一接手，我不動，跟你走。我跟著你，無論你怎麼走，我都跟著你，你往東，我跟著往東，你往西，我跟著往西，上下左右，東西南北都行。因為跟著你，等於懂你，在跟的當中，我知道你過頭了，勢背了，我祇要使一點點勁，你就倒了。你往一邊撤，我也跟著你，再給你多一些，其實是讓你過一點點，你過了這一點就無位置了。你往後坐腿，我跟上一步，就把你推倒，就這一點，達到我有利的位置，我就順了，你就背了。」

　　在推手較技中以接勁為首要，你不動，不是我也不動。是你不動，我引你動，我擱在你的手臂上，你覺得不對勁，你的力點就會出來。這時，你不動，力點就是硬點，你一出勁使力，等於你的勁死了。你勁越大，後座力就越強，我祇要身軀一鬆沈，根一栽，你勢必反彈而跌出，這就是身體的定沈轉。如果你把雙手搭在我的手臂上，我亦可以鬆沈轉，將你的勁引化掉，引勁化空。也可以借力打力。這是你搭橋，我借橋的接勁功夫。

　　所以，你要走，我制住你，不給你走，你能不使力？

當你一使力，手上就出現硬點、力點，就像在你我之間搭了一座橋，我就可乘硬點過橋。或以如蛇纏住獵物的功法控制你，當你一掙扎一使力，力越大則越死，力點也越明顯，頂力一出，我祇要利用鬆沈勁聽住你就夠了。並且讓你頂，你一頂勁，就憋在胳膊上，氣就會跟著往上沖。心浮氣躁，下面就空了，重心就不穩了，根也就沒了。下盤沒了根，胳膊有頂勁，有硬點，我就可以借橋過勁。如果你能不使力，我也可以聽住你，管住你，然後再使一點鬆沈內勁，使你趁勁使力，我再借力打力，讓你兩腳離地。這就是「無橋搭橋」。如果我能應用所謂「有橋借橋，無橋搭橋」之勢，你能不輸嗎？

　　吾師對於推手之基本竅要有如下之描述：「敵按在我任何一點，切勿緊張失措，迅即自動反應，真如磁鐵般吸住，可是要把來勁接至我湧泉，而接觸點仍保持如初，絲毫不變，方能達『人不知我，我獨知人的內勁功夫也』。」

　　有了推手的內勁功夫，就是身上有東西。有了同心圓的觀念，就能修練出圓勁來，就能真切體會鬆沈、鼓蕩、纏繞的真諦。再者，太極拳無論樁功、盤架、刀劍棍、推手，眼神平視，關係上軀的中正。關係到頭容正直。行拳時，眼神向下，身軀自然往前傾斜，臀部後翹。眼神向上，身軀自然往後仰，腰胯就沒褶疊，此仍人體自然反應，但卻違反太極拳立身中正的原則。

　　兩眼向前平視是三平（眼平、肩平、胯平）的基本要求之一。故發勁時，全身自然放鬆，頂頭懸，眼平視，眼神領意，神意向前，才有貫串勁。如果眼神往下，頭便低

下，勁就不貫串，丹田就無法自然發勁。丹田有如一顆九曲珠，隨順而發，一觸即發，此境界已不是腰胯之化發，而是進階到丹田九曲迴蕩的化發。所謂以氣為主，以血為副，氣旺則血旺，血以氣運。血行不順，則有時妄行，時而停滯，對身體均有害，若能行氣而讓血行平衡，身體方能舒適，內勁功夫方能到位。

先賢嘗言：「太極拳不動手，動手非太極，」「用意不用力」「腰帶手動，手不主動。」這些銘言，凡習練太極拳者，均能朗朗上口，但又有幾個習練者真正心領神會，徹底做到？又譬如湧泉貼地，腳底貼地。湧泉到底在哪裡，怎麼的貼地法。曾記得在信義拳社的練習課時，吾師拿了一張鄭師爺鞋底某處已磨破的照片說：「這就是鄭師長期湧泉貼地的最佳寫照。」湧泉者，以人體結構學論，位於足底第二、第三趾蹠緣與足跟連線之前三分之一與後三分之二交點凹陷處。即是凹陷，則常人之湧泉永遠無法觸地，要修練到湧泉貼地，能把鞋底湧泉處磨出破洞來，必須費數十年之時光才可及此。

初級體會湧泉貼地可感受湧泉如吸盤能吸住地面。高層次的感受則有如一塊濕肥皂放在平整的玻璃桌面上，既滑且溜，完全無法用手拿起來。更如章魚的八爪吸盤般能吸附任何地面。

太極拳就是在陰陽、虛實之間找尋動靜之機。所以吾師常謂：「能知陰陽，手上便有分寸，能分虛實，腳下便有斤兩。」陰陽、虛實、動靜，是太極拳的基本元素，鬆沈、貫串，則為修練太極拳的目標，所謂無使有缺陷處，

無使有凹凸處，無使有斷續處。簡單的說就是整體貫串勁的中正安舒。吾師嘗言：「陰陽兩字，即可立於不敗之地。」陰陽由太極而生，因動靜而分虛實。太極一動則陰陽開，太極一靜則陰陽合。動靜、開合、虛實，構成了整個太極拳的完整架構。對稱、平衡、循環為太極拳弧形運動之原理。對稱者，有上即有下，有前則有後，有左則有右也。平衡者，遵循中庸之道，陰陽相濟，虛實得中也。循環者，綿綿不斷，始終如環無端也。所謂荷葉羅裙一色裁，芙蓉向臉兩邊開。技擊時，保持中定，立身有軸，圓勁以發人，同心圓以化人，則太極拳功夫臻於上乘也。

鄭宗師自序曰：「以為德於我者，莫過是拳，何可廢也，乃益重視之，駕乎眠食之上，每於夙興及將夜寐，各運動七分鐘，未嘗有間，以至於今，神氣充沛，且臻於強健之境。良可寶已。」一代宗師猶視是拳為寶，勤練不輟，況我匹夫，駑遲愚鈍，敢不汲汲以導引是拳乎？

《神遊太極》第一輯，引起同好之愛護與迴響，亦常有同好來電詢問一些功法的實際操作方法，吾師的基本功法慕多，舉凡易筋經，五禽戲，基本功與第一輯所敘述的功法，不勝枚舉。均對太極推手之應用啟到輔助作用。本人僅就能力所及，引述吾師對於拳理之解析，給予詳細答覆。如有未逮，尚祈四方同好海涵，今感先師功法記要有更詳實解析之必要，抽暇整理再輯成冊，以饗同好，期能對同好之推手技藝與健康有所幫助，是為序。

莊茂山　謹識

我的學拳之旅

　　1999年因常年蹲著工作的關係，致右腳膝蓋軟骨破裂，住院開刀，又檢查出有血糖偏高，醫生建議飲食控制和到公園運動。腳傷稍癒就到榮星花園尋找運動的項目，各個角落運動項目何其多，不知道那項對自己有更好的幫助，就在此時想到以前有部郎雄主演的電影「推手」。故事內容為郎雄與老闆發生爭吵被辭退，郎雄就站立在廚房不願離開。老闆找了幾個員警想把他架走，卻被他輕輕的摔過來、摔過去，員警一點辦法也沒有。這種情節促使我想學太極拳。

　　我就這樣進入榮星太極拳隊跟著阿蘭姐、姚老師學習拳架，她們教什麼拳架，我就學什麼拳架，因為興趣使然，很快的也學會好幾套拳架，幾個月下來，感覺對健康似乎有幫助。由於拳隊人事紛爭，阿蘭姐介紹我到中正紀念堂繼續跟著一位葉師姐，學習鄭氏太極拳37式及導引。由她的介紹而進入至柔拳社學習比賽套路，開始參加比賽及表演。幾年下來曾經有人問我，到底瞭解多少太極拳，對拳架又能應用多少，當時我愣住了，雖然對於健康有幫助，可是其他的就一無所知，感到很徬徨。

　　2005年由於轉職到一家蒙古烤肉餐廳工作，一切作息都改變了，就近再回到榮星拳隊，帶領幾位阿嬤，教導她們一些比賽套路和鬆身的功法，就如學生作功課般，每天早上到公園教拳，一日復一日。由於到餐廳做燒餅的工

作，每天都得揉作二、三十斤的麵糰，每當例假日，生意特別好，一天甚至要發兩次團麵。因我是新手得提早工作，責任心使然，就縮短了打太極拳的時間。有位前輩阿嬤以前做過早餐店，告訴我揉麵要有方法，不然你一大早做那麼多的麵糰，手臂遲早會受傷。當時我未曾在意，心想只不過發麵、揉麵而已，不會那麼嚴重吧。可是不到一年的時間，手臂開始有痠痛的感覺，膏肓處也時常隱隱作痛，早上起來甚至手臂痛得舉不起來，且時常感冒，必須打針吃藥才能繼續工作，也開始懷疑打了幾年太極拳，結果沒有想像的好，是否有步驟的錯誤。

2009 年底，當在猶疑是否繼續打太極拳時，巧遇了莊老師，得知莊老師的太極拳推手造詣很深厚，博學多聞。公園裡尋尋覓覓好幾年，能遇到莊老師，可說是緣份吧。見面當天，我與老師兩手相搭，莊老師問我什麼叫鬆，什麼叫勁，老師說：「你鬆鬆看。」我把手一攤，認為是鬆，老師卻說：「這是軟，不是鬆。」再試著掤手，老師手一按，說：「你是頂，不是掤勁。」打了十幾年的拳架，沒有學到太極拳真正的功法，確實很難過。莊老師說：「沒有關係，從新來過。」就開始跟老師，學習推手和一些基本功法，如精簡五禽戲，鳥伸，行經步，熊經，單推，雙推，四正，推手及站樁。

在學習中我開始體悟到各種功法、基本身形的要求。如頂頭懸，兩眼平視、舌底上齶、齒輕叩，唇輕含，收下齶，含胸拔背，豎脊樑，沈肩垂肘，鬆腰落胯，尾閭中正，膝部微曲微張，足心貼地，上下相隨，週身一家等。

行拳或推手時，最重要的身法，手足的動作必須隨著腰胯轉動，不能自己擺動。全身的重量只能放在一隻腳上，全身上下，左右，內外，都必須隨腰而動，不得主動。兩腳必須分清虛實，兩手與兩腳交叉相合。兩腳不分清虛實是雙重，兩手未與兩腳交叉也是雙重。在行拳上，不可搖頭晃腦，不可扭腰擺臀，眼神不可東飄西瞄。太極拳發勁，來自其根在腳，發於腿，主宰於腰，行於手指。老師說太極功法，也可生活化，在工作中，我切身體會，以前揉麵時都沒有用到腰腿勁，只有兩手在用力，可以說手腳都雙重。

　　漸漸懂得太極拳的功法，兩腳虛實轉換在尾閭，兩手虛實轉換在夾脊，都是以腰帶手腳互相交叉的應用。手的力量，來自湧泉、腳、腿、腰，腰動帶動腳動、手動。揉麵溶入太極功法，慢慢熟練，手臂上的疼痛也不藥而癒，讓我感到不可思議。

　　平常老師叫我們要多練習平步推手，增加腰的靈活度。老師都親身讓我們體驗根勁，使我們能夠默識揣摩。每次跟老師對練，老師身法有如泥鰍般滑溜。我根本使不上力，也化不掉老師的諸勁，一碰就出去，為什麼？就是兩腳沒有根。

　　老師不厭其煩的分解動作，讓我瞭解。更教我身體要鬆、鬆、鬆，才練得上虛、中靈、下實的真功夫。最重要的就是兩腳要有根，就得從站樁開始，剛好去年老師有兩位學生，從澳洲及瑞士回來，跟老師學習推手。因為在台學習時間有限，老師來個密集訓練，每天早上挪出一個小

時來站樁，讓他們趕快能夠紮根。站樁是件很辛苦的事，站了幾分鐘全身就痠痛，汗流浹背，老師說多忍耐一下，很快就會舒緩。讓我們能夠一分鐘再多一分鐘的堅持下去，確實需要信心與耐心，不然很快就會失去耐力。

老師更告訴我們在站樁時，氣會行走身體所有的關節，如果以前有受傷的話，氣會打通關節的障礙，會有痠痛感，那是正常的現象。也因為老師不厭其煩、一絲不苟的指導我們，鼓勵我們，調整我們的姿勢，才讓我們對身體上所發生的狀況有所瞭解，也安心多了。

老師分解樁式的站法，樁有五種，渾元樁、川字樁、護心樁、開展樁、宇宙樁，每樁又有四式，每一個樁式以四個月為主，利用一年八個月完成一個循環，再從頭來過，不得間斷。採漸進的加長站樁的時間，讓身體肌筋腱的痠痛，耐力的堅持，深層的肌筋腱形成記憶體而增強，而產生學能，增進兩腳的紮根功夫。

老師說：「越酸痛，越能長功夫，肌筋腱的痠痛是一帖補藥。」這讓我更有信心的站下去。在站樁的過程中，確實有發生部分關節的疼痛問題，但就如老師所言，祇要功法正確，痠痛很快就消失。

有一次沒穿拖鞋就踏上地板，感覺兩足心湧泉處多個凸出的圓球，會有刺痛感，請教老師，老師卻恭喜說：「好現象，你的足心已經真正的貼地，在站樁時會有坐船渾沌的感覺，整個人由下而上動盪，是很自然的現象。」我與師兄弟推手，感覺更鬆沈，旋轉半徑也更小，迴轉空間更大，讓我真切體會如何化開對方的勁力。

三年多來，跟隨老師學習推手，除了學會太極拳推手功夫，我認為最大的受益是改變了我的身體體質與脾氣，以前時常為小事發脾氣，現在卻能冷靜地處理繁瑣事，兩手的痠痛，也明顯改善了。時常感冒的毛病也沒了。我發現以前時常隱隱作痛的膏肓穴竟然都不痛了，真是太神奇。且在放鬆行拳或推手之後，全身舒暢，精神百倍，而沒有疲倦與煩躁感。

　　在老師《神遊太極》著作裡，有篇「不經一番寒澈骨，哪來梅花撲鼻香」，讓我體會「吃得苦中苦，方得人上人」的道理。我何等幸福遇到好老師，如老師書裡所說：「在游添燈的《太極拳修練的理體與方向》書裡說，祇有有福的人，才能接觸到真正的太極拳，如果能遇到一位能教又願意教的明師更是福緣，吾輩師兄弟能遇到老師得明師之指導，也算是前世修得的好福氣。」師兄弟們，我們是最幸運的一群。

　　三年來跟老師學習推手，學習老師的功夫不到十分之一，只感自己才疏學淺，更要努力地學習。今年二月我正式退休，望往後跟隨老師腳步，學習老師更多推手的身法與功法。如老師說，練功像一天一張紙的疊成，久了就是一本書，羅馬也不是一天造成，也是要經過多少歲月累積而成。高樓大廈，要蓋得堅固又高，地基要建得紮實，不能馬虎。要有深層的功夫。基礎的功法，也必須紮實，都不得偷懶。我說師兄弟們，我們是最幸運幸福的一群，老師的功夫，是我們努力的目標。努力吧，共勉之。

弟子王龍才 謹識
2014.04.07

學習太極拳推手之感言

繼本人於2013年4月23日撰文「學習太極站樁之感言」以來，吾師莊茂山老師又勤而不懈的配合站樁的基本功，教導太極推手。太極站樁功是太極推手之前置基本功之一，須先練站樁之後再練推手，才能竟其功。蓋推手須有落地生根的腳功，方能有接地之力來接勁及發勁，而落地生根的腳功係藉由站樁練出來的。

記得在一年半以前，本人與內人看到幾位太極拳同好，在榮星花園練推手。兩人你來我往像在紡車輪的動作，殊覺可笑。姚愛珠老師說我與內人適合練推手，當初不為所動。及經黃明珠會長介紹向吾師莊老師學基本功之後，才漸漸體會站樁及推手之奧秘，在經莊老師細心的指導，遂逐漸沉迷其中。

太極推手種類繁多，舉凡單推、單推四手、雙推、雙推四手及四正四隅等等皆是。練推手之基本要求與太極拳十要訣中的要求相同，如虛靈頂勁、含胸拔背、鬆腰落胯、虛實分明、沉肩垂肘、上下相隨及內外合為一氣等等。推手之用與太極拳拳架之體，兩者互為表裡。尤其注重身體的鬆、柔、靜以及不丟、不頂、不偏、不移的意念，確實做到從人不從己、逆來順受、要啥給啥及捨己從人，更須落實鄭師爺所言「三無畏」之精神。

在演練時，莊老師特別提出鄭師爺在「養生之道」中

所要求之意守丹田、氣沈丹田、重心落實、虛實分清、小腹鬆淨及屈膝坐實等基本功。尤其要求兩人交手時，不但要腰帶手動，且要以最小半徑讓兩腳來做虛實轉換。雙手之勞宮穴與雙腳之湧泉穴，透過尾閭互相交叉轉換。後坐時須坐實，後臀不可超過後腳跟，且前膝須有往前之意念，不可後退。對方推來，兩手鬆柔垂肘但有勁，隨對方加來之力，以身體落胯下沈來接勁，身體亦不可向後退，維持開胯圓襠姿態，與對方之手保持沾連黏隨狀態。

誠如推手歌所述：掤攦擠按須認真，上下相隨人難進，任他巨力來打我，牽動四兩撥千斤，引進落空合即出，沾連黏隨不丟頂。能如此才能具有鄭師爺所講的「承天之氣、接地之力」。

站樁功之訓練，主要係磨練到雙腳湧泉有根，能落地生根，即俗說定根，不易被對方推動。莊老師湧泉定根非常牢，他後腳一定根，甚至前腳抬起虛掉，任何巨力也無法推動他，實在是具有真實定根的功夫。湧泉有根之後，便進一步要求腰有主，如此才不會陷於「力學垂死終無補」之境地。推手即需要此種功，再配合身體之鬆柔及頂頭懸，運用四兩撥千斤及引進落空之功法，便能輕易地化發裕如，克敵制勝。又特別要求訓練到能具有聽勁（即能靜）、懂勁（即能柔）的功夫。

蓋低層次聽勁的傳遞係靠皮膚知覺，中層次是靠氣場感應，而高層次係靠意念來傳遞。吾師即屬具有高層次靠意念傳遞的聽勁，他不但聽勁功夫了得，對方一呼一吸均逃不過他那美人手傳遞來的知覺。懂勁之功夫自不在

話下，他能夠做到拳論所述的「一羽不能加、蠅蟲不能落」，不丟不頂，階及神明的境界。

以他擁有骨質密度達到3的破表數字，雙臂沉甸甸的如秤錘般的重，推手時雙臂也宛如棉裏鐵般的鬆柔且強勁，真正得到楊澄甫祖師、鄭師爺及干師爺之真傳，手臂不小心被打到，不但會瘀青且會疼痛甚久呢。他的身體也牢固得如銅牆鐵壁般，不但湧泉定根讓人推不倒，且絲毫無法讓人靠近，因他空功、化功及走功了得，一靠近便被他空掉及化掉，並配合「合即發」的勁，往吾等雙手疏忽用力所造成的力點方向甩出，實在令人佩服。

2013年九月由桃園市中華太極拳協會，在桃園巨蛋舉辦的推手比賽中，吾師越級參加無限量級比賽贏得第十級冠軍。吾等也因擁有如此功夫武功高強的良師為傲呢。

鄭祖師爺及干師爺對於推手論述之金玉良言甚多，集其大成者不外乎強調鬆及柔。即要從頭鬆到腳，全身鬆鬆的，蓋鬆才能使重心降低，自身穩，進而使觸覺靈敏，聽勁準確。柔要做到能避實就虛，以巧制勝，用小力勝大力。嘗謂不鬆就是挨打的架子，不柔便無法克剛，也無法做到「柔腰百折似無骨」般的境界。

蓋推手要能做到鬆柔，才有再生的勁力，勁也才能由腳底經過尾閭及夾脊，藉由手臂發出。除此之外，還特別強調頂頭懸，尾閭中正神貫頂，且須將心與氣相守於丹田，此謂主人翁須住在家。即推手時頭頂不可絲毫移動，因一移動就不能做到立身中正，夾脊與尾閭無法垂直於地，形成意念的第三隻腳。對方一出手便容易受制於人而

形成背勢，須牢記心頭。

　　莊老師近期將其集三十多年來，從干師爺所學的拳架及推手等功夫，再加上其在演練當中所悟得之經驗，出版了《神遊太極》一書。由於該書立論精闢，引經據典豐富正確，再配合莊老師豐碩之專業技術，以生活中的種種比喻來解說太極，是一本非凡的學習太極拳的工具書。第一版一鋪貨，在短短半個月便售罄，接著趕印第二版，出版商稱這真是出版界的奇蹟呢。

　　書中對推手也著墨不少，莊老師除了要求站樁之外，練推手的基本功如熊經、太虛步、五禽戲、鳥伸裁根步及九轉乾坤等等也要勤練。尤其訓練重心的三震功如丟三關、白鶴騰空、雁蕩平沙、枴李撐舵及老龍出海等更須勤練，方能收到事半功倍之效果。

　　莊老師除了講授推手之理論外，也著重實際的演練。吾等於去（102）年11月10日，在仁愛路上海鄉村拜師的第一期弟子共有13人，每週週二晚上皆在莊老師家練習，大家互相切磋演練，再加上莊老師毫無保留的傾囊相授，大家均進步神速。本人與幾位師兄弟，更每天清晨相約六點，到莊老師家站樁並練推手。莊老師不但言教也身教，師母也一起與大夥兒一起學習，其精神可佩。

　　吾等自2013年3月開始站樁及練推手以來，轉眼已近十個多月了。在莊老師細心及專業的教導下，再配合師兄弟們本著吃苦耐勞的精神學習，大夥兒獲益良多。不但站樁已有站出一點心得，對於推手也揣摩默識，漸漸悟到其中之三昧呢。

　　本人喜好打高爾夫球，有將近30多年的球齡。年輕時經過許多名師之指導，就有單差點的實力，18洞曾經打出71桿的佳績。但隨著年齡的增長，擊球距離漸短無法與年輕時相比，桿數經常徘徊在8字頭保衛戰，打得甚為辛苦。然經勤行太極站樁之後，湧泉有了根，腳底有了抓地之力，能立地生根，再配合熊經及行經步虛實轉換之鍛鍊，腰身不會左右搖晃，身體向左、向右轉時皆不會超過兩腳的外緣，且能利用腰來帶動，使身體充分的旋轉。依此轉動腰身的方式，運用於擊球，竟然能奇蹟似的將球擊出與年輕時相等且有過之的距離，令本人及同隊球友詫異萬分，且競相模仿。不但擊球距離遠，短切球時也因兩腳有根、重心穩且虛實轉換得宜，再配合立身中正及頂頭懸，準確度也提高甚多。一場球下來，要再擊出80桿左右也已非難事，此皆拜勤練站樁有以致之也。

　　訓練站樁及推手皆需靠有恆心有毅力、不畏艱難，及有吃得苦中苦及酸中酸的意志，方能有所成。吾等謹記一步一腳印，一天一張紙經驗的累積，天道酬勤，相信終有一日能熟能生巧地悠遊在推手迷人的領域裡。謹在此感謝莊老師苦心之教導。

弟子：柯寬仁　謹識

日期：2014.01.20

初學太極拳樁功與推手心得

　　我與先生一起在榮星花園學習太極拳，已有近八年的光陰，但僅止於拳架的比劃。對於太極站樁及推手則毫無涉獵。約在一年半以前，始參與由莊茂山老師所帶領教導的太極推手基本功之練習，舉凡五禽戲、鳥伸、行經步及熊經等，均一一地教導。莊老師表示，熟練基本功之後，才能進行站樁及推手的訓練。

　　經過一段時間的基本功訓練，莊老師開始教導站樁及推手。適巧有一群同好，每天在榮星花園一起學習，大家能夠互相揣摩及研究，尤其有姚愛珠老師及莊師母也在一起學習，與我作伴，更增加學習之興趣。迄今，我已學習近一年半多了，在莊老師熱心的教導之下，也悟出一點心得與大家共用。

　　太極站樁計有五種樁功，其名為渾元樁、護心樁、宇宙樁、開展樁及川字樁。每一樁功的手法及站法皆不相同，但基本要求卻是大同小異。例如要求美人手、鬆腰落胯、開胯圓襠、縮小腹、前膝尖不可超過趾尖、陰陽分明及兩腳虛實分清等等。

　　剛開始站川字樁，接著站護心樁、宇宙樁及渾元樁，最後站開展樁。每一樁式皆站約十分鐘到十五分，且持續站一段時日，以確實瞭解正確站法並實際體驗之後，再換另一種樁。如今，五種樁皆已分別站過一輪，接著再重頭

站第一種樁式。因大部分均需湧泉貼地,腳跟離虛。剛開始站時,兩腳發麻不聽使喚,身體也搖搖晃晃的。但站一段時日,一切便習慣了。據莊老師稱,這是湧泉漸漸有根,功夫就慢慢上身了。

家母年輕時曾學過太極拳,並當到教練,對於站樁及推手也懂得不少。如今家母已九十歲了,身體還很硬朗,可以說是拜學習太極拳之賜。起初我與二弟向其告知有在學習太極拳,她看我們火候尚不過,只應聲運動運動即好。後來經莊老師之指導後,做一些動作給她看,她才刮目相看而稱讚。

站樁之酸甜苦辣只有身臨其境,方能瞭解。最讓我安慰的是,站樁改變了不少我的體質。讓我娓娓道來:

我的脊椎在數年前因位移而開過刀,走起路來有點彎腰駝背,在脊椎開刀處時常有疼痛的現象,經核磁造影發現,用鋼釘固定的上下兩段關節,因使力及負荷過重而疼痛。神經外科醫生要我再回去開刀。莊老師則建議我暫時不要去開刀。先學習推手基本功一段時日後,再考慮是否須開刀。

剛開始接受莊老師訓練時,他教我站樁必備的基本功,如頂頭懸、含胸拔背、立身中正、兩眼平視等。經過一段時日的訓練,我已能挺著腰桿走路,且咳嗽的次數變少了。他除了教我站樁以打通筋脈,使氣血循環順暢之外,並教我五禽戲、易筋經、八段錦等養生功法,做下腰落胯並將兩手向耳旁向前伸出之動作,兩眼抬起往兩手指尖端看,心裏默數一百下並持續做。如今,該處已不復疼

痛了，且榮星花園養生氣功隊也有許多同好聽聞後，也一起做這些氣功。我的左腳膝蓋，經Ｘ光照射之後發現，兩片膝蓋骨之間已磨擦得無潤滑軟骨，且兩片膝蓋骨擠壓在一起而產生疼痛。骨科醫生診斷之後，強調需藉開刀裝上人工關節才能解除疼痛，並為我向健保局申請了給付。

然經莊老師之指導，以正確的姿勢站樁之後，該膝蓋竟然不痛了，困擾我多年的咳嗽也因學習精簡五禽戲養生氣功而痊癒了，使我欣喜若狂。站樁之好處，良有以也。

在站樁之餘，莊老師也教我推手。因推手是以站樁為基礎，靠站樁來訓練腳力，使兩腳湧泉能生根。推手即須湧泉有根，才會有功及勁。

基本動作與站樁也如出一轍，譬如鬆腰落胯、兩腳虛實轉換、頂頭懸、神貫頂、立身中正、含胸拔背、收小腹、沈肩墜肘及用意不用力等。尤其要求手需有掤勁，與對手互推時，能不丟不頂，能不偏不移，能沾連黏隨，步隨身轉，腰帶手動。並由湧泉接勁，確實做到鬆、沈、轉，利用對方強大之攻擊力，避實就虛，捨己從人，再利用接地之力，透過尾閭直達雙手，利用對方勢背的時機，向對方推去。知易行難，但不經一番寒澈骨，哪來梅花撲鼻香？唯有苦練才能有所得。

同門拜師的師兄弟十三人，每週二晚上在莊老師家裏練習站樁及推手。經莊老師熱心的教導，大家均進步神速，使大家很有成就感。莊老師還帶我們到外面，與其他團體交流呢。為了本隊之名聲，大家均勤奮的練習。

莊老師最近出版了一本曰《神遊太極》的書，書中將

他向干嘯洲師爺學習近四十年太極拳的種種經驗及心得，
一五一十毫無保留的發表，內容精闢豐富，且將太極拳生
活化的舉例，使本書更顯得易懂易學，是一本不可多得的
學習太極拳工具書呢。我每天晚上睡覺前，必須翻一下來
看，使我獲益良多。謹在此藉此篇幅，感謝莊老師的教
導。

弟子劉鳳嬌　謹識

2014.03.13

眾裡尋師千百度

　　年輕時受李小龍功夫電影的影響，嚮往著能學點拳腳功夫，因此到處遍尋名師學習各種拳式，但總覺得這些外家拳招法太猛，並不適合我這瘦弱的身體而放棄。及至中年，因移民澳洲的關係，就在當地跟幾位來自馬來西亞與中國的太極拳老師學習。

　　十幾年下來覺得似乎有某部分困擾著我。因為身體從來就沒有如拳經論裡所談及的感受，更談不上先賢們所謂四兩撥千斤的體用境界。且膝蓋時常感覺痠痛。讓我開始懷疑太極拳真的對健康有幫助嗎？

　　讓我真正感受到太極拳的威力，緣於四年前清明節返國祭祖，經人介紹認識太極推手教練莊茂山老師，向他請教太極拳的體用。發覺莊老師搭在我身上的手沈甸甸的，但卻感覺不到他手上的任何力點，輕柔像一張紙貼敷在我身上，讓我欲進不能，欲退不得，我卻被他那無形的勁道所控制，絲毫掙脫不了。當他發勁時，更如颱風過境般，在不知不覺中，我雙腳已離地，整個身體騰空被彈飛出去，且非但沒有感覺被打的痛感，反而有一股無法抵禦的痛快感，真是奇妙。（最近我才知道這就是干師爺最擅長的發勁功夫。）

　　澄甫祖師爺曰：「世間練太極拳者，宜知分別純雜，以其味不同也，純粹太極，其臂如棉裹鐵，柔軟沈重。推

手之時可分辨之，其拿人之時，手極輕而人不能知，其放人之時如脫彈丸，迅疾乾脆，毫不費力，被跌出者，但覺一動，而不覺痛，已跌丈餘外矣，其黏人之時，並不抓擒，輕輕黏住即如膠而不能脫，使人兩臂酸麻不可耐，此乃真太極拳也。若用大力按人推人，雖亦可以制人，將人打出，然自己卻是用力，受者亦覺甚痛，雖打出卻不能乾脆，此非太極也，反之如非太極者，欲以力擒制太極能手，則如捕風捉影，處處落空，又如水上踩胡蘆，經不得力，則此乃真太極也。」

聽老師說干師爺的功夫已臻澄甫祖師所描述的層次，且謙稱他的功夫則不及干師爺的十分之一。而我則在老師身上真實感受到這種沾黏化發勁的功夫。

旅居海外多年，真的是明師難尋，能在偶然的機會裡認識莊老師，真是我的福氣。在他身上體會到那種莫測高深的功夫，正是我尋覓十幾年想學的真正太極拳功。我就這樣一頭栽進去，固定每年回台幾個月虛心學習，來圓我的功夫夢。

學拳真的需要靠緣份，我尋覓十幾年，才找到一位肯教又懂得教的好老師，所以我很珍惜每次的上課時間。老師不僅教我們打拳的要領，還教我們做人處事的道理，師兄弟們真是受益良多。我很幸運有明師的引導，又有一群志同道合的師兄弟可以切磋拳藝。莊老師每回上課總是不厭其煩的提醒重點，糾正我們缺點，傾囊相授，恨不得我們趕快學好，師兄弟們各個都進步得很快。

記得在一次與莊老師閒聊中，他說身體不好的人更應

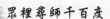

該學好太極拳，個人覺得很有道理。我也是因為身體差才與太極拳結緣，也才有機會學習鄭門干氏的太極拳功。老師常說：「魔鬼藏在細節中，要學到細微處。」我自認為不是絕頂聰明的人，只有老實的練，細心用心的練才能把太極拳藝學好，也因此而受益。雖然每年抽暇回台幾個月，在莊老師身邊學拳，雖然前後加總祇不過八、九個月的時間，但讓我感覺到不再有膝蓋痠痛的現象。精氣神也得到明顯改善，人變得更年輕了，這都要歸功於老師細心指導樁功、推手和拳架的功勞。

古人常說：「臺上一分鐘，台下十年功。」推手的行家一出手便知有沒有，師兄弟們，大家要繼續緊跟在老師身邊學習，希望將來有一天都能成為高手，將這麼好的太極拳功夫傳承下去，也才不辜負老師的苦心教導。

澳洲弟子鄭哲全　謹識

2014.04.20

學習太極拳推手之我感

2004年空軍服役滿20年退伍,離開熟悉的環境,從花蓮北上到臺北任職於臺北機場從事民航機維修。工作之餘仍維持慢跑的習慣,後來漸漸覺得膝蓋似乎不太靈活,也常聽說跑步容易傷害膝蓋,因此停止慢跑。不過還維持著早上起來到公園散步的習慣。

偶然機會看到公園裡許多師兄姐們打太極拳,覺得非常好看,經引薦認識姚老師,在其指導下開始學習拳架,我也愈學愈有興趣。

每天利用早上時間,練習太極拳架,感覺精神還不錯,心想就算沒把太極拳學好,打拳應該對身體還是有幫助。但5年下來開始覺得腰椎及膝蓋時常疼痛,有一段時間甚至坐下後就無法直接站立,那時候還跟我太太說:「人老了都會這樣。」到醫院治療也不見效果。最後熬不過太太的緊迫盯人,去了一家花蓮非常有名的國術館,接受物理治療。

國術館師傅診斷後認定脊椎側彎,必須長期復健。第一次治療後感覺有顯著改善。可以輕鬆起立或坐下,所以就利用每週六早上回花蓮長期治療保養,為了避免脊椎惡化,並依國術館師傅的建議,買了一條護腰綁在腰上。雖然感覺很不舒服,但為了健康也祇好忍耐。此期間也認識許多類似病友,經聊天後得知,有些人已經持續復健了好

幾年，都不敢間斷。

　　約2013年，因必須留在公司加班無法按時回花蓮。就在榮星花園練拳架，練完拳架後忽然看到樹下有人在練推手，好奇心驅使下就走了過去，因此機緣而認識莊老師。首先莊老師要我推他，我輕輕一推就被他輕輕化開。老師接著說：「沒關係，你可以用力推。」但用力一推的結果，整個人反被彈飛得更遠。如此在我心中，產生極大的震撼，原來太極拳的四兩撥千金是真的，而且對方愈使力，反彈的結果愈厲害。

　　從此開始每週二晚上，向莊老師學習推手。老師不斷提醒動作要正確，要立身中正，頂頭懸，涵胸拔背，收尾閭，摺胯、豎脊樑，膝微曲微張，襠要圓，湧泉貼地等。並學習站樁等基本功的技巧，也瞭解到太極拳起勢並非將手主動抬起，而是沈身墜肘後之自然浮起，非使力之結果，也終於讓我體會到以前很多師兄師姐告訴我太極拳起勢不可用力的原因，如此不知不覺的過了半年，有天忽然驚覺腰椎及膝蓋都不痛了，尤其每週六到國術館報到的例行公事也省了，護腰也不需使用了，真是太神奇了。

　　在與其他師兄推手時，也感覺到雙手愈來愈輕靈，正是下一分心力，有一分收穫，許多師兄用心站樁的結果，其根勁就栽的非常深，每次推手練習後，我都感觸自己要再加強練習，尤其老師如此用心教導，隨時指正錯誤，不用心練習，以後可要後悔了。

弟子　李羿寬　謹識

2014.04.29

學習太極拳感言

一、學習動機

　　每日勤習拳架已有相當時日，但也僅止於當老師助手，真正要站上臺獨當一面仍缺乏信心及感覺心虛，理由無它，係對於拳經、拳論及祖師爺所言，無法良好之詮釋及表達，停留在似知非知和似懂非懂之間；雖自認感覺良好，實際上是真正遇到了瓶頸，無法進一步突破及提升功夫；另由於希望達到「體用合一」，故一直有想學習「推手」的念頭，但由於工作、時間和老師等因素，故未能持續而有效的學習，有幸碰到了莊老師，轉眼間持續學習已1年多，稍有達成初步願望。

二、推手之習練

　　（一）、無論習者的目的是交流、切磋、印證拳架（術）或實戰取勝，推手其主要是在掌握自己之重心，移（推）動對方之重心，使對方拔根而失勢。

（二）力學原理之瞭解及精研：

　　掌握了適切之運用，必能發揮作用，由知道並進而得到。
　　其原理有：1.合力原理，2.槓桿原理，3.天秤原理，4.旋轉門原理，5.作用、反作用力及彈性力原理，6.慣性原理。

（三）技法之學習：

1.鬆、靜、定、勁之技法：鄭子干門「站樁」法，此法共有五種，每種樁功有四式，計二十式；分別為渾元樁，川字樁，護心樁，開展樁和宇宙樁等五種；可無中生有，產生「勁」之效果。

2.鬆、沈、轉之技法：以「鳥伸——栽根法」練得，以移根、定根、栽根和轉根，為特性，對定膝，開合胯和發勁有相當助益。

3.鬆腰、落胯及螺旋之技法：以內、外熊經之練法；左旋、右旋、內旋、外旋，移胯、轉胯，螺旋等練得之。

4.前進、後退之行經步：步走弧線，腳根、腳尖點地，湧泉貼地，練就靈敏及穩定度。

5.簡易五禽戲之技法：干門獨特練法，除做為暖身全身運動外，對於作用力、反作用力及彈性力和鬆、化、打等有相當明顯效果。

6.三十七式拳架之技法：干門練法更為鬆柔，尤其開、合胯之練法更徹底，且要打到腳底（得鬆沈勁）不要只以手打（上浮無根），如此可印證拳經、拳論外，亦為推手之體用產生更好之綜合效果。

（四）推手之實際演練：

一膽、二功夫，熟能生巧。

1.接（搭、觸）：沒有第一步接就沒有其它。強調敷、貼、蓋、吞

（1）任何生物，只要有刺激必然會有反應，刺激及反應循環產生，是本能之作用。

（2）接由手起，經身體（胸背、腰腹、丹田）而腿而腳下湧泉；此路徑最長，受力最低，更為下一反應作準備。（腰腿求之）

（3）如勤加練習，成為習慣及記憶，於發生狀況時，自然而然會發生很好之回饋作用。

2.立身中正，輕靈安舒：

（1）鬆腰落（平）胯，立如平準：十字天心，每尊大佛、菩薩、神像、耶穌等，皆如是表達。

（2）尾閭是第三隻腳，與左右兩腳之湧泉形成等腰三角錐體。

（3）髖關節為兩軸，與腰大軸，三軸形成共構，最穩，單絲不成線，三股成一體。

（4）底面積廣，垂軸線短，可增穩（四平馬是，但缺靈活）。

（5）虛靈頂勁、氣沈丹田，上虛下實，又靈又穩。

（6）重心往下盤鬆沈於垂直軸上，就不會心浮氣燥，就會有根。腰、腿、膝定位，則不移胯挪臀，功夫上身。

（7）鬆沈互為因果，虛實是兩回事，虛要鬆，實更要鬆。

3.化與打：

（1）化打同時，腰帶手動，手不主動、不妄動、一動全動，手非手、全身皆是手、動手非太極。

（2）化打主要是在虛實變轉：磨轉心不轉，如地球

自轉；雙腳虛實轉換在尾閭、雙手虛實轉換在夾脊；兩腳於2～4點間、無過不及、隨曲就伸、不出尖，合乎內外三合。

（3）忌雙重、偏沈則隨；且虛腳要全虛、實腳要全實，實腳要鬆沈，虛腳要留意。

（4）以不倒翁及101大樓阻尼器之原理應用，故中定要活、中即時中，定無常定，隨遇而變動調整。則內動外不動也。

（5）沾連黏隨作動：人剛我柔謂之走、我順人背謂之黏，柔中寓剛、剛柔相濟。動急則急應、動緩則緩隨，彼不動、我不動、彼微動、我先動。敷、貼、蓋、吞，四訣是從心開始。

（6）引進落空合即出，牽動四兩撥千斤；前、後腳皆可接，可化，可發；形開氣合（蓄勁）、形合氣開（發勁）。

（7）整勁：由腳而腿而腰而脊，行於手指；立身有軸，如飯店之旋轉門，如家裡之門軸，整勁發出。

（8）捨己從人，後發先至，避實就虛，隨緣而動或不動。

（9）陰陽，虛實，開合和剛柔等適宜運用。

4.聽勁與懂勁：

（1）聽勁：以眼看、身聽及心聽；一般初級者，以看對方肩膀及眼神來判斷為眼看，用手及身體觸覺來感應為身聽；如能以內體感覺或微觸覺為心聽，感覺後立即走化，最高技術，如能感受一根雞毛或一隻蒼蠅或一隻小

蟲在身體任一部位遊走,而作出對付行動,便能做到推手中,人不知我,我獨知人的地步。

每當感到對方有壓力或力點過來,我便可把它認為造橋、舖路給我,我即可借橋而過。

如我學會製造個假動作,對方因而會落入你的掌控中,對方產生力點或失衡;同時可用內勁發人,則便可稱推手有成了,此為誘敵伴攻。

(2)懂勁;尚待學習中。

三、感　言

(一)、名師難求,明師更難求,願意教的老師更不容易求,莊老師這幾個條件都已具備。理論、實際和品德皆值得徒弟們效法及典範。

(二)、老師之期望,希望學生3～5年之間便能有小成:

已經有了體驗與成果,發生在幾位師兄身上,老師也一直希望成果能延續,訓練方式也力求有效;作為學生者理所當然受益,焉能入寶山,空手而回。

(三)、自身要求,站在臺上,更有信心而不心虛,自娛娛人,師父領進門,修行在個人,拳架和推手體用合一,以達能講、能用,再加上心性培養,希望更上一層,學無止境。

弟子　張炎昆　謹識

2014.11

龍潭鄉太極拳委員會龍潭社・
基本功分享

　　黃社長，林老師與在座的諸位先進，大家早安，大家好：

　　今天承蒙黃社長的垂愛，邀我到貴寶地與諸位同好結緣，一齊分享太極拳推手的心得。非常感謝黃社長給我這難得的機會。浩瀚無邊的太極拳的星空裡，本人祇是一顆不起眼的小星星，要說專題演講，讓本人不勝惶恐。故今天來到這裡，我是抱著與各位共同學習的心情而來，雖然本人對太極推手略有心得，但真的談不上是專題演講。

　　在座的林木火老師常說，「太極一家親」，能與諸位齊集一堂，共研太極拳理是我之榮幸，但要談推手，就不得不特別介紹在座的林木火老師。

　　民國六、七十年代，太極推手曾經興盛於一時，然七、八十年代後，漸漸被競賽套路所取代，今天太極推手能振衰起蔽，林老師可說扮演著關鍵性的角色。其先師林宣敏大師與先師干嘯洲老師同為鄭宗師的門生，算來我們是同門師兄弟。但在太極拳的造詣上，我得稱他為林老師，因為我不僅在先師身上學到許多推手心法，更在林老師身上得到很多啟發與感召。他那誨人不倦，有教無類的教學精神，讓我在推手的路上受益良多。

　　林老師精研三十七式太極拳，天天夙夜匪懈，可說到

了廢寢忘食的地步。舉例來說，他在每星期六早上五點開始，就先到桃園清溪國小教拳，八點準時到龍潭高原国小指導同好推手，下午二點又趕到關渡藝大教拳，晚上七點到十點則在三重二二八公園教拳，當結束一天的課程，回到住處都已過半夜十二點。但他卻以此為樂，且長期南北奔波，到處推廣，舉辦聯誼與友誼賽。這種犧牲奉獻的精神，真的讓人佩服。

要談太極拳推手，必須從基本功談起，譬如熊經、栽根法、渾元樁與川字樁。以渾元樁為例，即為三十七式預備式之定勢。鄭曼青宗師在三十七式自修新法預備式裡說：「即開始將重心移轉，付於右腿，腿微屈坐實，左腿變虛，腳跟提起，同時兩手腕與兩肘稍稍提起二三寸，成微弓形。」在這段敘述裡，一般人都僅注意到兩手腕與兩肘稍稍提起，但很少注意到要如何讓兩手腕與兩肘稍稍提起，而忽略了右腿微屈坐實，左腿變虛，腳跟提起的要領與真諦。聯貫其中所隱含的是一動全動，是先有右實腳的屈膝鬆沈，才有右虛腳的腳跟提起，然後才有下盤帶動兩手腕與兩肘的稍稍提起。

這裡必須強調的是，兩手腕與兩肘非主動提起。是氣貫注於左手心勞宮穴的被動提起。且當兩腳呈平行站立，距離與肩同寬之定勢時，兩手稍稍提起的意念都不可丟，兩腳必須是三分實腳的膝微曲微張勢。下盤的這一重點，是吾師特別強調的，也是林木火老師在教站樁時，特別強調三分實腳，兩膝尖呈「有左則有右」之勢的重點提示。

當你能做到兩腳平行站立之三分實腳時，內氣就能由

腳而腿而腰，交叉貫注到兩手臂，而行於手指，更加強
了兩手臂的相互貫勁。此時，由於兩手腕與兩肘的稍稍提
起，致兩手臂形成微屈，兩手掌置於胯前，不併不張，兩
肘窩與肋骨間可容一個拳頭穿過，而形成兩手臂的翹肘開
腋勢。既含虛的腋窩可輕容一顆蛋，不使夾破也不可掉
落。此預備式的定勢即為渾元樁的第一式，必須注意頂頭
懸，眼平視（餘光向下）、舌抵上齶、齒輕叩、唇微含、
收下額、肩平放、含胸拔背、豎脊樑、褶胯、縮小腹、收
尾閭、足心貼地等要領，其中最重要的重點是立身中正安
舒。

其次我要談熊經，練習熊經，鄭宗師曾言：「熊經乃
熊之經常動作，向左右捩轉腰脊不息，人須早晚飯後半小
時行之。體弱者，可自二百動開始行之，或三百動，每隔
五日或七日，遞加五動或十動，只許加而不許減，故宜緩
進，不宜欲速，加至十分鐘或最高十五分鐘，不加矣。必
須求適意，以輕鬆愉快為得也。」

吾師教我們熊經時，特別強調腰的轉捩與兩腳虛實的
轉換，千萬不可移胯挪臀，否則就是失重。熊經的要領為
必須以重心腳捩轉，必須將重心百分之百放在一隻腳上，
才能捩轉腰胯，千萬不可邊走腰胯，邊沈轉，這違反虛實
分清的原理。

剛開始學習熊經時，由於腰胯鬆得不夠，以左右轉捩
約九十度角即可，當你練到兩胯已鬆時，可左右轉捩達一
百八十度。但請記住一個原則，千萬不可刻意強要轉捩到
一百八十度而失去適意，必須以輕鬆愉快為得。

俗語說：「腳下有根，入地三分。」基本功的栽根法是吾師特別強調的，在我初習時，每天必須走栽根法最少二百步，也常走到五百步左右。栽根法讓我體會最深的是在短短的一年內，就讓我的兩腳的根勁增強不少。這是值得練推手的同好們，好好學習的。

栽根法的重點是身形必須有如：

1.行駛在平坦在路上的汽車，身形不能上下起伏，不能前後左右擺動，必須立身有軸，必須中定。

2.是實腳鬆沈，帶動虛腳的擺盪，不可主動抬起虛腳，是實腳的鬆沈、再鬆沈讓虛腳大步邁開等原則。如果是主動抬起虛腳是錯誤的。

在走鳥伸栽根步也請注意下列重點，栽根法有移根、定根、栽根再栽根、轉根等五個動作。移根時，兩腳的虛實轉換是漸進的。定根時，前膝不能超過前腳尖。栽根時，臀部不能超過實腳後腳根。轉根時，重心要百分之百放在實腳上，要立身有軸。過程中整個身形祇能鬆沈，不能有起伏，要足心貼地（腳底板有如一個裝滿水的水袋，我們以拳頭壓在水袋的中間，其四周均微翹離虛。）大家在走栽根步時，請記住「實腳鬆沈虛腳提」之銘言。

現在讓我們來談川字樁站法的重點，川字樁左右兩式類似三十七式之提手上勢與手揮琵琶之定勢。當川字樁定勢時，重心祇准放在後實腳上，且須足心貼地。前虛腳須留一分意念，且前腳膝尖的意念要向前。此為陰陽相濟也。這虛腳的一分意就是陰中有陽，陽中帶陰的意思，即太極圖中的白魚中有黑眼，黑魚中有白眼的意思。剛才在

場的同好中有人把它比喻為圓規劃圓，是非常貼切的。我在《神遊太極》書中也有同樣的比喻，因為當圓規的尖頭深入紙裡時，另端的鉛筆必須輕敷紙面，才能劃出圓形的線條來。太重則劃不動，太輕則鉛筆未觸紙面，也劃不出圓圈來。這就是重心祇准放在後實腳上，前虛腳留一分意的原理。

在太極拳的銘言中，拳論曰：「捨己從人」，楊澄甫祖師強調「鬆」，鄭宗師強調「無畏吃虧」，吾師則常說：「想贏就會輸。」林木火老師有句銘言：「有意打人非真打，無意打人方真打。」這些銘言，都是他們累積數十年對於太極推手的體悟。值得我們細細參悟，我也常向學員說：「學習推手，不是練習如何把人打出去，而是訓練如何不被對方推出去。」

我以上述銘言與各位分享，並做為今天演講之總結，望諸位同好不吝指正。最後祝諸位同好健康、快樂，拳藝精進。

莊茂山　講述

2014.03.08

龍潭興龍太極拳發展協會
專題演講──大捋

2014.04.20

　　郭理事長暨各位太極拳同好大家早，大家好：

　　今天我很榮幸受郭理事長的邀請和諸位講解太極拳推手中的大捋。大家都知道，學習任何拳術都要能體用兼賅，拳架是體，推手是用。拳架與推手是太極拳的核心內涵，兩者是密不可分的，三十七式太極拳鄭宗師在自修新法自序即言：「殊不知此拳術之體與用，猶影之不能離乎形者，倘學而不能致用，則其所裨於體者，且亦偽焉。」

　　故當各位學會太極拳架之「體」後，就必須進入「用」的練習，在練習推手時，必須循序漸進。先學習單推、雙推、四正，最後才學習活步大捋，進入實際應用的境界。

　　在昨天的課程中，我的師兄徐正梅老師已很精闢的為各位講解定步推手中的單推、雙推與四正。相信各位對推手已有相當的概念。而大捋強調的是活步的應用，暨八法配合五步之體與用的結合。在八法中掤、捋、擠、按是四正手。採、挒、肘、靠是四隅手。五步者即進、退、顧、盼、定，能熟悉八法與五步之體用，讓太極拳推手之訓練更臻完美。難怪鄭宗師在其自編的行功心解曰：「有體斯

56

有用，體用本無二致，用之則行，捨之則藏。」

今天我們有三堂課，首先由我講解大捋的原理，並請四位助教示範大捋的步法與手法，第二堂課再指導各位實際練習大捋的手法與步法。第三節課則安排各位體驗推手八法之相生相剋的應用與基本功。

大家都知道：太極拳掤、捋、擠、按、採、挒、肘、靠等八法之運用，以掤勁為首要，掤勁為諸勁之源，無論掤、捋、擠、按均須有掤勁。然在諸勁之中，捋則為變化最多，最詭異的手法，捋是陰手。故在掤與按的過程裡，往往都暗藏捋手。

捋者，向旁之橫力也，以三分向下，七分向後，立掌如劈為捋式。在掤轉按或擠轉按的過程，均暗藏捋手。如掤為向上向外之力，使對方之力達不到我身體。在掤轉為按，手掌外翻之際，就是捋之暗手。如玉女穿梭之四隅，就隱藏上捋、下捋、左捋與右捋之陰手。如摟膝之中暗含一捋，謂之採。對方緊按我肘，我順勢走化，而撤開手掌，反擊其頭部，如亮翅、跨虎之類謂之挒。肘者，以肘擊人，如進步搬攔捶及吊手中之暗藏一肘也。

捋是四正之一，然大捋則為四隅推手法，是運用採、挒、肘、靠等四法，以濟掤、捋、擠、按等四正之窮。亦為活步推手之應用，配合進、退、顧、盼、定等步伐之移形換位與虛實轉換，更能加大技擊時八法應用的效果。大捋之幅度較定步中之捋更大，故稱大捋，能體此則用全矣。

鄭宗師於太極拳十三篇談大捋謂：「大捋即四隅推

手，運用採、挒、肘、靠之四法，亦即震巽艮兌之四卦，以之濟掤、挒、擠、按四正方推手之乾、坤、坎、離四卦變化之窮也。」

一、手法記要

大挒之主要動作為四隅之採、挒、肘、靠。

採者，以拇指與中指輕含對方之手腕，順其勢向下採之，以鬆沈勁送之也。

挒者，對方緊靠我胸，我順勢向右後側走化，而撤開手掌，反擊其頭部也。

肘者，以肘擊人，於近身時用之，對方按我腕節，我順其勢向己身合勁，轉胯帶動肘尖擊對方也。

靠者，以肩順勢擊人，亦可以胸、背或臂等順勢擊人，此短勁也。

大挒雖以四隅相搏，然其中隱含四正與四隅之變易，既對方採我，我以靠擊之。對方按我腕節，我以肘擊之。對方挒我，我以掤化之，暗藏一肘。雙方互為習練大挒，須明進退變化，始克有成。

鄭宗師之大挒，雙方初搭手時併步站立，各掤右臂，互貼腕部。左手互為虛擠而不以實擠為之。李雅軒先賢之大挒，兩人平行步站立，以右掤手互搭。以左手輕扶對方之右肘。而陳炎林先賢談大挒則以兩人對應，而不做搭手之預備式。直接由乙先攻擊而甲應，即甲為閃而乙為按。此三位太極名家雖均出自楊派，然對大挒之操作互異，顯然是各有體悟，各得其妙。

我們採用鄭宗師之大捋，預備式時甲乙併步，面對站立，各掤右臂，沈肩垂肘，右腕互貼，左掌互相虛擠，然後重心各移坐右腿，虛提左腳，步驟如下：

1.首先由甲坐實右腿，左腳向左前踏出一步，重心移左腳，復上右腳，插乙中襠，用右肩靠擊乙胸脅間，並以左手護住右肘窩，是為靠。

2.乙即將左腳跟翹起，向左撤45度，隨即將右腿向右後正角撤退一步，以左肘捋甲右肘，右手採甲右腕，是為採，其中右手採式之前，暗藏手掌捋。

3.乙採甲腕，已被脫化，則乙既撤右手，向右後側向上旋轉一圈，右腳向前邁進一步與左腳併，以右手迎面掌擊甲之頭部，是謂挒。

4.乙施挒手時，甲即退右足與左足相併，同時掤右臂擋之（暗藏一肘）。

（甲乙同時恢復右掤手，兩腕互貼，各以左手輕扶對方之右肘。）

5.以上為一式之步驟，然後互易其式，按一、二、三、四之程式演練。

二、要點詳解

第一式

預備式：兩人併步對立互搭手，均各以右手互掤之，兩腕相貼為掤式，左手虛擠為按式，甲立於北方，乙立於南方。（圖一）

1.甲將身體重心移付右腳，左腳向左前方45度角邁進，左腳踩在東正方，乙亦將重心移右腳，提左腳跟，向左撤45度時，其中乙之右掌暗使小将（圖二）。

2.甲進右腳踩正南方，乙則退右腳至正南方。甲進時為右肩靠，左手護住右肘窩。乙退時，以右手採甲右腕部，左肘将甲之右大臂（圖三）。

【註】須特別注意，乙以右手由掤手轉将手再採甲之右腕，為先暗使将手再採手。其間将手為暗手。鄭宗師在大将篇未說明，學者需注意。乙以左肘将甲右肘時，需以腰帶肘，亦可以小臂将甲之右大臂。乙左手採甲右腕後，復以左手将甲右臂或右肘時，甲須立身中正（右腳隨勢插入乙之中襠），鬆右肩，左手附於右肘內側，為靠式。須注意，靠時如果上體立身不中正，俯身向前，必被乙順勢採而失勢。）

3.甲之右腕既已脫化，乙則撤右手向後盪去，鬆沈右腳，復將重心轉換到左腳，提右腳，收回右腳，與左腳併攏。同時右手向上旋轉一圈，以迎面掌擊甲之頭部，是為挒。乙施右挒手，迎面掌，目的在挒擊甲之前額或左頸，甲須收回右腳與左腳併，同時掤右臂擋之（圖四）。此時甲併步立東北方，乙併步立西南方。（圖四）

【註】甲乙雙方演練的過程中，雙方互搭手時為虛擠，然在演練的過程中，恢復雙方均併步時，則為右手掤，左手輕扶對方之右肘為準。

第二式：

以下各式之手法詳細說明，均與第一式相同，不予再贅述。

1.乙進左腳，踩正西（圖五），甲向左撤左腳跟（圖五）。

2.甲退右腳至東北隅角，乙進右腳，踩東北隅角插甲中襠（圖六）。（進者為靠，退者為採）

3.甲進右腳，與左腳併，是為挒，乙退右腳與左腳併，是為掤，甲立正東，乙立正西（圖七）。

4.甲進左腳踩正南，乙向左撤左腳跟（圖八）。

5.甲進右腳，踩正西，插乙之中襠，是為靠，乙退右腳踩正西，是為採（圖九）。

6.乙進右腳與左腳併，右手為挒（迎面掌），甲退右腳與左腳併，以右掤手擋乙迎面掌，雙方恢復互掤式，甲立東南，乙立西北（圖十）。

第三式：

1.乙進左腳，踩正北，甲撤左腳跟，踩正南（圖十一）。

2.乙進右腳，踩東南隅。插甲之中襠，乙為靠，甲退右腳至東南隅角，甲為採（圖十二）。

3.甲進右腳與左腳併，挒，以迎面掌擊乙之頭部是為挒，乙退右腳與左腳併，右手掤，擋甲之挒手，甲立正南，乙立正北，恢復對立互掤手（圖十三）。

4.以圖一至圖十三之足步圖，反覆練習。

三、步法方向示意圖

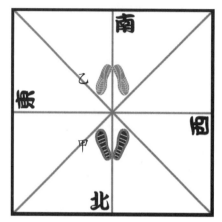

（圖一）預備式：兩人均對立併腳跟，互掤右手，左手互
　　　　虛擠，甲（黑）立正北，乙（黃）正南。

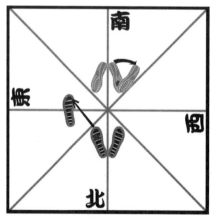

（圖二）甲進乙撤：甲進左腳，踩正東，乙撤左腳跟，轉
　　　　身準備以右掌採甲之右腕。

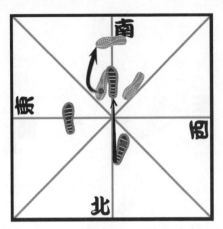

（圖三）甲進乙退：甲進右腳，踩正南插乙之中襠，為
　　　　靠。乙退右腳，踩正南，是為挒。

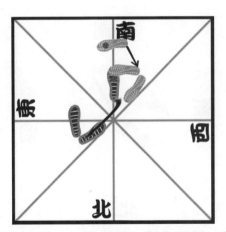

（圖四）乙進甲退：乙進右腳，與左腳併，擊甲之迎面
　　　　掌，是為挒。甲退右腳，與左腳併，以右掤手接
　　　　乙之迎面掌。甲立東北，乙立西南。

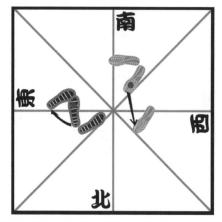

（圖五）乙進甲撤：乙進右腳，踩正西。甲撤左腳跟，踩
正東，轉身以右掌捋乙之右腕。

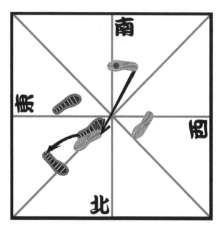

（圖六）乙進甲退：乙進右腳，踩東北隅，插甲之中襠是
為靠。甲退右腳，踩東北，甲左手捋乙之右手
臂，左手採乙之右手腕。

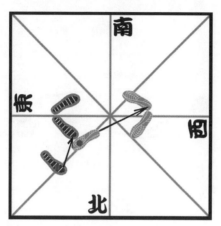

（圖七）甲進乙退：甲進右腳，與左腳併，立正東，右手
　　　　迎面掌擊乙頭部，是為**挒**。乙退右腳與左腳併，
　　　　立正西，以右掤手禦之。

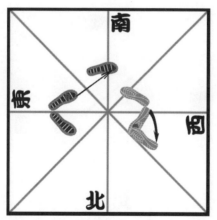

（圖八）甲進乙撤：甲進左腳踩正南。乙撤左腳跟，踩西
　　　　北。

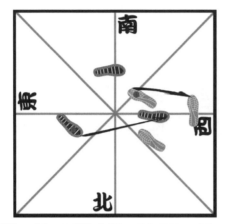

（圖九）甲進乙退：甲進右腳，踩正西，插乙中襠，是為
靠。乙退左腳，踩正西，是為採。

（圖十）乙進甲退：乙進右腳，與左腳併，立西北，以右
手擊甲，是為挒。甲退右腳，與左腳併，立東
南，以右掤手擋乙之迎面掌。

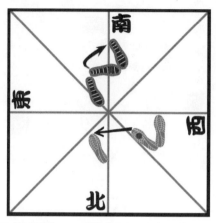

（圖十一）乙進甲撤：乙進左腳，踩正北，甲撤左腳，踩正南。

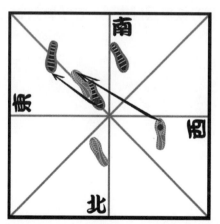

（圖十二）乙進甲退：乙進右腳，踩東南，插甲之中襠，是為靠。甲退右腳，踩東南，是為採。

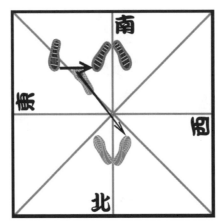

（圖十三）甲進乙退：甲進右腳，與左腳併，立正南，右
　　　　　手以迎面掌擊乙之頭部。乙退右腳，與左腳
　　　　　併，立正北，以右手擋甲迎面掌。
　　　　　雙方恢復互掤右手，左手輕扶對方右肘。

修練太極拳椿功　從心開始

　　吾師曰：「恩師曼公云：心為令，乃太極拳唯一要訣，手足決不可自動，非待腰轉才能便利從心，方得隨腰而動，是謂太極拳不動手足。」

　　又曰：「行架首務是鬆柔接地，平正、陰陽、對稱、循環，用與養生，係蓄積真氣於丹田，所謂以心行氣，為太極拳最高指導原則。」

一、楔子

　　太極拳三十七式宗師鄭曼青以自身的學拳經驗，告誡初學者要去三病與三無畏。去三病者即去掉無恆，貪多與速成等三種弊病。並奉行無畏吃苦，無畏吃虧，無畏厲害等精神。從心做起，紮好練拳的根基。然後才能在明師的指導下，從基本功、站椿、拳架等一招一式專注練習，日復一日，鍥而不捨地精進，自然就能得到身強體健。體用兼賅之目的，並為推手打下良好的基礎。

　　談到身強體健，骨實筋柔，這就是太極拳祛病強身，養生的功能，所謂上醫醫未病。因為太極拳講究神舒體靜，講求鬆淨安舒，精神內歛，故能消除身心的緊張，安定情緒。特別注重神經系統長期的靜定，此對生理的代謝，免疫系統及內臟的各種功能，都有莫大的幫助。

　　太極拳強調動作勻緩，呼吸深長，內氣鼓盪。即能暢

通氣血，舒筋活骨，開關達節又能促進循環系統的功能。對於體弱多病者，亦有改善睡眠品質之功效，而達益壽延年之目的。

在談到修心養性時，就不得不特別將捨己從人提出來闡述，大學以正心、誠意與太極拳講求的內心的修為不謀而合。以正念的修持讓身體產生正向的能量，最主要的目的在於益壽延年不老春。張三豐祖師遺論：「欲天下豪傑延年益壽，不徒作技藝之末也。」所以太極拳「用」的精髓在於捨己從人，在於揖讓而升，不同於外家拳的一昧強調一招一式的攻擊與求勝。

本篇的目的在於引導初學者如何從心開始修練太極拳樁功。如何從舒筋活血而達開關達節之功。十三勢行功心解開宗明義說：「以心行氣，務令沈著，乃能收斂入骨，以氣運身，務令順遂，乃能便利從心。」又曰：「心為令，氣為旗，腰為纛」，「先在心，後在身，腹鬆氣沈入骨，神舒體靜，刻刻在心。」說明修練太極拳，從心開始修練的重要！

二、平衡、對稱、循環

站樁是太極拳的基本功，必須用心體驗，用心感受。站樁時，全身肌筋腱的牽扯與變化，站樁乃身心修練之首功，係在極靜定中感知感受形體的對稱與平衡，與內氣之循環鼓盪。

我常告誡學生，平衡、對稱，循環是太極拳的精髓，所謂平衡以中庸為主，對稱以陰陽為主，循環以圓轉為

主。我們以植物為師，植物的生長，必須與地心引力對抗，與風雨等大自然環境對抗，故在它的生長過程中，樹幹必須向上挺立，就算受到光害的影響，也必須斜中寓正。當他生出枝枒時，也須向四面八方，左右對稱，讓樹幹取得平衡，才能挺拔壯碩。以主幹最脆弱的香蕉樹為例，香蕉葉必須向四面八方以輪生方式交替生長，才能維持脆弱主幹的挺直，也由於挺直的主幹，才能長出甜美壯碩的香蕉來。以道路兩旁的行道樹為例，由於受到光照的影響，主幹向道路中央傾斜而形成綠色長廊，樹木所付出的代價是上端枝葉的不對稱。在此情況下，如果要維繫枝葉的繁茂，主幹必須有堅韌的縱纖維束來維持主幹的平衡。植物行光合作用，白天呼氧吸碳，晚上呼碳吸氧。由根部吸收水份，由葉片吸收陽光行光合作用，循環不已。

　　我們把人體比喻為一顆大樹，脊柱到腿就是主幹，雙手如枝葉，包裹著骨骼相互交錯的肌筋腱，就是支撐身體能挺直站立的元素，但這些肌纖維並無法直接讓身體長出根勁，人體必須經不斷的磨練才能強化肌纖維束。

　　站樁就是為了訓練身體的整體肌纖維束合作無間。讓人體長出根勁。以五種樁功合計二十式來訓練全身的肌筋腱的平衡與對稱，修練內氣的循環，並入地生根。人體是對稱的活體，必須左右取得絕對的身心平衡，才能立身中正安舒。把植根比喻為種樹，要小小的樹苗長大，必須給予所需要的養分，站樁就是在養根勁。俗語說：「樹有多高，根就有多深，樹梢有多廣，樹根就有多寬。」這就是陰陽相濟的道理，說明天地任何規則都是循著陰陽之道

的。而陰陽的內涵就是「平衡、對稱與循環」。

　　談到站樁讓腳底有根，入地三分，這是意念的實踐，也是根勁的感受與感知。像一顆大樹，地下的根部盤根錯節，其實與地上的枝枒是對稱性的，有了對稱才能平衡，樹幹才能直挺挺地往上成長。人體亦然，頂頭懸、豎脊樑，與足心貼地也是呈對稱性的，有了對稱，才能保持身體的平衡與穩定。所以在站樁時，要想像你的腳底全部鬆散開來，除了完全與大地吻合外，意念要有入地三分的感知，甚至於讓意念引導你的根勁無限延伸地深入地裡。如此操作身軀立身中正安舒的感受才會更深刻，此所謂「老樹盤根，入地三分也。」

　　吾師常云：「身如琴座，意如弦。」當你的身體能像琵琶的琴座般穩固，琴弦就能拉緊挺直，兩端對拉拔長，就能奏出美好的樂章。如果你的琴弦是鬆胯胯的，或琴座已無法穩定支撐著拉緊的琴弦，那這把琵琶也該廢掉了。

　　另再舉天平為例，天平的設計是以中心為支點，兩邊互為重點或力點的對稱關係，我們將兩邊同時各放上一顆等重的法碼時，天平兩端同時取得平衡不動。但如果放下法碼之次序有先後，即不同時間放上等重的法碼，初始，天平會以中心柱為支點左右搖晃，在兩邊取得平衡關係後就會趨於不動。但祇要在任何一邊稍微使力，左右兩邊又會搖晃起來，這天平的動是不平衡中的平衡，卻也隱含圓活。輕輕碰觸任何一邊（力點），將觸動了天平兩邊的平衡關係，而開始左右搖晃，此為平衡中的不平衡。

　　兩腳或兩手的虛實轉換，各以尾閭或夾脊為支點，猶

如天平左右搖晃，此意謂天平具「靜中觸動動猶靜」之理象。

由此可知，物體祇要中心有支點，兩邊的重點或力點如果能夠平衡，就能產生力點與重點隨時上下互換關係。反之，如果兩邊或上下各有支點，亦能使整個物體取得平衡穩定的關係，太極拳的身形祇要立身有軸，腳踩大地，頭懸青天，就能體悟平衡，對稱關係，兩腳的虛實互換就不必身軀的移形換位也能鬆沈圓活轉換。

十三勢行功心解說得妙：「意氣須換得靈，乃有圓活之趣，所謂轉變虛實也。」以天平的左右搖擺和琴座的兩邊對拉來形容陰陽相濟，虛則實之，實則虛之，就能瞭解虛實互換的奧妙。

三、足心貼地：腎形足弓

內功經總論云：「何謂勁之歸宿，曰足也，足為百體之根，上載全身者也，譬如萬物之生於土而履於地，衰旺體態無不因乎地，苟非博厚，何能載物哉？故足為勁之出也，凡一放一鬆，無不從足底湧泉穴而起。勁之入也，一收一緊，無不從足底湧泉穴而伏，此下路之要訣，而功夫之根基也。」

首先我們從湧泉貼地談起，為什麼太極拳的樁功必須湧泉貼地，又要如何操作湧泉貼地？不管是川字樁的第一式或平步樁的第一式，重心腳之腳底平貼地面，感覺有如一塊濕毛巾敷貼在地上，十趾鬆開，意念要感受到整個腳底如真空似吸附地面。如果把重心點放在足跟就不對了，

因為足跟是沒有彈力的，雖然有辦法承受全身的重量，但由於緩衝裝置較弱，所以無法承受較強的外力的衝擊。如果受到外力衝擊時，就可能由下往上衝擊到脊柱之各相關之關節與軟骨而造成傷害。甚至於傷害到腦幹，所以最好由腳底板來承擔緩衝擊的重責大任。尤其在練陳氏太極拳金剛搗捶時須特別注意此要點。

常人走路是主動提起虛腳，但經太極基本功訓練後，實腳的鬆沈，會讓虛腳被動邁出。所以邁出的步幅會大於常人，且虛腳邁出著地時，會整個腳掌輕敷地面而不著力。獅豹在野外狩獵，潛行前進時，抬腳與落腳的步伐，就是「邁步如貓行」的最佳寫照。

直立的人體，在運動時，要取得全身的平衡而不失中定，最有效的方法就是同時放鬆全身的肌纖維群，將重心放在實腳腳底，並鬆開實腳五趾，以全腳掌著地，讓湧泉完全貼地。如果湧泉與地面能形成真空狀態，腳跟離虛，讓全身重量由實腳掌負擔，並配合意念向下鬆沈。就能產生根勁，讓交錯的肌纖維群，以腳底接地之力將勁力由下而上同步貫串達指梢。

渾元樁、護心樁強調兩腳平行站立與肩同寬，膝微曲微外張，腳底板是三分實腳的腎形足弓的樁式。習拳者可能會質疑，三十七式鄭宗師強調：兩腳不分虛實就是雙重。拳論也記載：「雙重則滯」，腳不分虛實，不就是雙重嗎？那要如何運化呢？其實兩腳平行站立，表象似不分虛實，實則內藏玄機，也就是「內動外不動」的玄機。外型看似雙重，裡面卻蘊含陰陽與虛實的瞬間轉換。鬆沈功

夫達一定層次的修練者是能夠深深體會的其中的平衡關係，也能從內心去感受內動外不動，一動全動，這就是兩腳虛實轉換平衡的真諦。

　　川字站的第二式足跟虛提，目的就是為了讓湧泉能完全貼敷地面，讓蹠骨與一、二契骨完全鬆開，讓肌腱更有伸縮力，也讓腳底所有的伸趾長短肌鬆開。不管是川字樁的「足跟虛提」或平步樁的「腎形足弓」，都能增強下盤肌筋腱的彈性與強度。這有如我們在行走時，將雙腳踩在蓬鬆的韓國草的草地上，就有一分既厚實又輕飄的感覺。或踩在大飯店的厚地毯上，踩上去就能感受到，全腳掌幾乎滲到地毯裡面的感覺。

　　川字樁的第二式意念已然讓實腳完全滲入地裡，所謂腳底有根，入地三分。就像大樹的根深植入地底裡。操作起來必須實腳單腳立地，虛腳全虛，此時根勁已可以從腳底貫串到指梢。拳論云：「其根在腳，發於腿，主宰於腰，行於手指。」如果能體會並且做到，心領神會，則根在腳的基礎功夫已初步達成。

　　平步樁（護心樁、宇宙樁、渾元樁）的兩腳底之「腎形足弓」，猶如鄭宗師的三分實腳，目的也是讓兩腳的足底完全與大地吻合，其貼地之形如人之兩腎而名之❶。故習練者必須去感知兩腳底外腳緣貼地，有互爭力的感受。「腎形足弓」與「拱形結構」❷兩者必須相互呼應，才能讓小腿完全垂直向著地心並與地心引力同向地鬆沈向下。

　　我們談到足心貼地的感受，也要充分感知川字樁與平步樁之腳底貼地的不同。但修練是必須經過身體力行，依

功法去實踐的，過程是漫漫長路，一天一張紙去磨練，才能累積功勁，並非一蹴可幾。必須用心付出專心與耐心，鍥而不捨，無法躐進。從基本功架去體驗、去感受，從明師的功法去默識，從明師的身上去揣摩。

任何基本功的操作都是整體性的，譬如足心貼地，全身必須順著身體的重心向地心引力方向自然鬆沈，使意氣與地力相接，足掌底部與足背的肌筋腱全面鬆柔，蹠骨與楔骨間的關節才能鬆開，再配合鬆腰，落胯，沈肩墜肘，含胸拔背，垂脊正直，虛靈頂勁，構成身架由下到上的立身有軸，這些必要的條件與足心是否能完全貼地是互為因果的，故修練足心的功法是「貼」字訣。

川字椿的單腳立地，以重心腳足掌為基礎承受身體重量，這也是身體是否能立身中正安舒，雙腳是否能以輕靈變換虛實的關鍵。拳論有云：「立如平準，活似車輪，偏沈則隨，雙重則滯。」這就是身法基本功成就的體現。

平步椿強調兩腳平均分擔全身的重量，兩腳外緣不僅須平貼地面，並將意念放在腳底外緣。讓足弓內緣含虛，即第一蹠骨基部底下的外展拇肌放鬆。此即為鄭宗師之三分實腳，亦是兩腿拱形結構之濫觴。習練者必須細研體悟。

四、踝關節——擴踝

俗云：「千里之行，始於足下。」又云：「湧泉鬆，全身鬆。」當然除了腳掌上下肌腱的全面鬆開，踝關節的鬆化與其四周肌筋腱的鬆柔也是不可或缺的。全身九大關

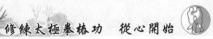

節，節節貫串，節節鬆開，也必須環環相扣，以達到整勁的效果。解析踝關節，必須瞭解內外踝的功能，內踝與小腿部的脛骨末端連結，外踝與腓骨末端連結。其主要功能在於支撐全身與活動身體，交錯連結並固定踝關節的肌腱與跟腱脛骨後肌，屈趾長肌等肌群。兩膝微外張的下盤拱形結構讓兩小腿更直立，讓其受力的力向與地心引力呈一垂線，讓足踝部的跟骨均勻受力，讓腳底的腎形足弓發揮最大的接地之力，從以上之描述，我們就能瞭解，下盤腿部的拱形結構與足心的腎形足弓可謂「焦不離孟，孟不離焦。」是無法分開操作的。

　　練拳架時，我們要求踝部要擴，這有如一顆大樹的主幹底部與根部的交界處，我們可看到往地底紮的根部是向四面八方擴散的。想像人體的踝部猶如大樹之地上根，企圖向四面八方紮根。當踝部有向四面八方擴散之意，則踝關節自然鬆開，就能啟到以借地之力往上傳達根勁，並將全身重量往下傳達到腳底的中間角色。也就能承擔起意念往下栽的任務，並承受腰胯鬆沈轉的扭力。故踝部為全身平衡之鑰。修練踝關節之要為「罩」字訣。❸

　　站川字樁第三式時，實腳足跟虛提，虛腳足跟輕點地，會使實腳的踝關節周圍的肌群受到更大伸縮拉扯，以強化此肌群的韌性，故腳後肌群會感覺特別痠麻，並有一股熱氣由腳底往這部分的肌群竄。這些圍繞著踝關節的肌腱一旦鬆開，踝關節活動旋轉的角度自然加大，對於上盤肌群的牽絆拉扯自然降低。推手時，對方當然聽不到著點肌腱的活動。

操作時，可以請位拳友，拿著一張紙從你的實腳的腳後跟部穿過檢驗，以能夠輕輕穿過為最佳站姿。有一比喻說，在你的實腳後跟底下踩著一隻螞蟻，不可將它踩死，但也不能讓它走動穿越。在前虛腳的腳跟下放一顆蛋，不可將它踩破，也不能讓他離開腳跟的控制，可見操作的難度有多高。

擴踝操作得宜，踝關節一旦鬆開，整個腳掌就會像一塊磁鐵般吸附在地面上。不管全身如何搖晃，腳掌均可不動如山。故台諺云：「樹頭站乎正，不怕樹尾做風颱。」

五、膝關節——定膝

在解說足心貼地之腳底與踝關節後，此趟椿功的旅程也該進入到膝關節這一站，所謂收臀定膝，即臀部收持，尾閭中正，膝蓋穩定則重心不偏也。

膝蓋是由股骨遠端和脛骨近端所構成，而脛骨關節是人體中最大的滑液關節，它是一個修正型的樞紐關節，能夠屈曲和伸展，當膝蓋處於屈曲姿態時，還能做內旋與外旋的動作。由於其具備內旋與外旋功能，如果操作不得宜就容易因轉胯而帶動膝關節左右旋移，造成扭麻花腿致半月板受損。或屈曲過度形成跪膝，致全身重量上移到膝蓋，增加膝關節負擔，久而久之就會磨損膝骨半月板或髕骨，而壓迫到周遭的神經叢。這就是造成大多數打太極拳膝蓋受損疼痛的最主要原因。

因此，太極拳對膝關節的操作要求是微曲微外張，形成左右對開的關係。它就是三十七式鄭曼青宗師所謂的三

分實腳，兩腳平行，垂直對正，形成穩定平衡的支撐力，如果膝關節僅向前方或向內屈曲，可能會將身體的重量大部分轉到小腿外側的腓骨負擔，造成身體的不穩定平衡。弓步時，前腳的膝尖與內踝窩垂正，讓小腿形成發勁之支柱，不管是發勁或行拳走架，都能發揮貫串勁之效果。❹

太極拳有句銘言：「蹤之於膝，盪之於肘。」此為鬆膝鬆肘之要領。鬆沈右腳，把左胯根留住，讓整隻左腿放鬆，關鍵在膝蓋的放鬆層次。如果能讓左胯後褶，左膝上提，讓左膝蓋能在放鬆不用力的意念下，自由奔馳。老龍出海的功法即在鬆沈後腳的同時，定住前膝的膝意向前，達到前後平衡的目的。

鄭宗師在眿本末對於膝蓋曰：「起勢時，自然立定，不可挺直，亦不可屈，摟膝拗步及單鞭等，膝蓋不可越過腳背，足趺須軟如綿，足心湧泉穴方能鬆沈塌地。」已然點出定膝之要。

川字樁前三式對膝關節的操作，不僅要注意兩膝的微曲微外張，更須注意後實腳的膝尖要對正腳掌四趾。前虛腳的膝尖不得超過踝前窩並對正該中趾，形成下盤的拱形落胯的姿態。兩膝關節外張，此曰「類拱形結構」，在此情況下兩膝的承載能力是最穩定的，太極拳的術語稱「定膝」。

「定膝」，一般習練太極拳者，對於定膝的觀念是非常薄弱的。故在運動時雙腳膝關節會隨著轉腰移胯而左右前後晃動，隨著臀部的扭動而前後移動，因此加大了膝關節的活動幅度，過度活動與扭動膝關節的原因，係任由股

骨與脛骨形成不規則的扭轉，夾在中間的半月板就容易磨損或破裂。如果腰胯在旋動時，能隨時保持實腳膝關節的穩定，身體的重心就不致偏移，這就是定膝的概念。如輔以頂頭懸、收小腹、斂臀攝尻，更能減輕實腳膝關節對體重的負擔。注意膝關節的正確功法，以高樁取代低樁姿勢，行拳走架時落實定膝的觀念，避免膝關節不當的扭動，更能減輕或消除膝關節的負擔。定膝，臀部向前收持，則尾閭得中，膝蓋穩定，重心不偏矣。故修練膝部的心法是「定」字訣。

在這裡特別要提醒的是，平步推手時將左方來勁引到左實腳腳底，左實腳膝意鬆沈向下是實。而右虛腳之膝意與腿意向右旁開是虛，這才符合拳論之「虛實宜分清楚，一處有一處虛實，處處總此一虛實」的要求，也才能有「周身節節貫串，無令絲毫間斷的根勁。」

常見公園裡很多祇打拳架，沒練推手的太極拳愛好者，其站樁的身形有很多謬誤處。尤其在膝蓋的操作上，更是違反了人體的生理學原理。譬如打起拳架來，扭腰擺臀，移胯挪臀。單鞭式前按時，前膝超過腳尖，後腳的膝尖沒有對正該腿小趾尖，而形成扭麻花腿。凡此種種，都為日後膝蓋受傷埋下病因。甚至有人已遭遇膝痛，乃不知因為過度及不當地使用膝蓋所致。兩腳平行站立的樁式，兩膝微外張，將膝尖的意念對準第四趾尖，就能讓兩小腿更挺直，也能強化股四頭肌，讓它更有力拉住膝蓋下方骨骼，此為兩膝的平衡對稱的原理。

膝蓋的疼痛，大多數都屬於在動作時才會感到疼痛，

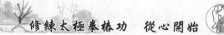

例如走路、跑步時，上下樓梯時或重複做坐下或站起的動作時就會疼痛（此為第四腰椎壓迫到神經的痛）。其次是祇要膝蓋開始動作時就會疼痛，少數則在安靜時也會疼痛。而疼痛的種類又可分為針刺狀、抽動式、刺痛式、沈重感，伴隨腫脹，感到麻痺，軟弱無力等症狀。

這些膝蓋的疼痛有很多是因為周邊肌群衰弱無力，或因運動時做左旋右轉等不當動作與姿勢不良，致半月板未均勻受力所致。因此鍛鍊膝蓋周圍的肌筋腱是改善症狀的最好辦法。運動時正確的使用膝蓋，減少人體重量加諸於膝蓋的負擔，建立正確的運動習慣，就能讓膝蓋快快樂樂地陪伴你終身。

太極拳對膝蓋運使的講究是平衡、對稱，此對於患有膝蓋的疼痛者將啟到舒緩與防患於未然的作用。

川字樁時，前虛腳的膝意也必須向前與後膝形成對稱平衡關係。故拳論的「有上即有下，有前則有後，有右則有左，如意要向上，即寓下意。」也適用在兩膝的要求上。譬如弓步推手時，對方按你上盤時，你祇要垂正鬆沈，將對方的力勁引到後實腳底，鬆沈時，後腳膝尖對著第四或五趾尖，前虛腳底輕敷地面，且讓前膝尖的意念向前，取得兩膝的平衡關係，就能將對方來勁化於無形。

以人體骨骼生理結構而論，太極拳的各式樁式對於腿部的要求，完全符合人體工學。人體膝關節是由大腿的股骨與小腿內側脛骨外側腓骨、半月板與膝蓋骨所構成。半月板是位於股骨與脛骨間的軟骨，其功能是吸收外力對膝關節的衝擊，並使關節處於穩定狀態。運動時不當的使用

膝部或受到強烈衝擊，或過度扭轉膝蓋關節，都可能造成半月板破裂。在半月板的前方的膝蓋骨為一碗形骨骼，碗形外緣的最突點就是俗稱的膝尖。

川字椿時，後實腳的膝尖對正其腳掌小趾尖，目的就是讓股骨與脛骨垂正，以承受全身的重量。前虛腳的膝尖對正其腳掌的中趾尖，目的是將根勁導引在膝尖與兩中趾梢的同一方向而不致分散勁力。這就是拱形結構所構成「中盤的開胯圓襠」。

六、腿部——拱形結構

不管是兩腳平行與肩同寬的護心椿或兩腳一前一後的不丁不八字步的川字椿，兩膝的意念都是微曲微外張的，差別祇在於平步時，兩腳虛實互為轉換，須兩腳底平貼地面。我們把這雙腿外張力的拱形結構，與腳底平貼地面的腳底形態稱為「腎形足弓」，取兩腳底觸地的面積由於腳內側懸空其形狀猶如兩腎彎曲的外形而名之。其上端之兩腳平行站立的腿部，因兩膝微外張，將膝尖的意念對正第四趾尖，讓兩腿更挺直，也因而強化大腿的股四頭肌，讓它更有能力拉住膝蓋下方骨骼，這兩膝的平衡對稱關係稱「拱形結構」，取其兩腿外張之形如拱門。台語有句「腳頭唔定乎在」，就是在描述定膝拱腿的重要。

而不丁不八字的椿式，則為前腳全虛，後腳全實打下良好的基礎。後腳全實是足心貼地，膝尖對正小趾尖，而前腳全虛則膝意向前，膝尖對正中趾尖。平步的兩腳膝意外張，兩膝尖則對正第四趾趾尖。如此的操作才能真正落

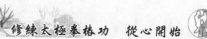

實開胯圓襠，摺胯、豎脊樑，才能落胯地行拳走架。

平步樁式的腳底，必須以腎形足弓，鬆沈貼地，才能讓下盤呈拱形結構之開胯圓襠的立姿站立。因為拱形開襠才能讓雙腳掌及兩小腿處於最穩固的立姿。很多建築物的拱形結構，譬如拱形橋樑或古代的拱形門，其中央上半部呈圓弧形，可以在大跨矩的結構體中，將受力轉換為各元件的壓應力，且不會產生往外張的應力。當拱形結構將受力帶到地面時，此結構會對該基地施一往外的推力，稱拱推力。人體下盤兩膝外張，兩膝呈拱推力的撐，腳底之腎形足弓是拱推力的承受點，讓應力與張力取得穩定平衡。就能穩定地承載全身的重量。故修練兩腿的心法為「拱」字訣。

在平步推手時，對方按你左胸，你祇要虛左胸，將來力接到左實腳底，右膝的意念往右旁開，將右腿的意念往右，落左胯向左轉腰，或對方按你左肋骨時，你祇要將左腿的意念往下，右膝與右腿的意念向右，就能化解來力於無形。這就是兩膝拱形結構的平衡、對稱關係。也符合拳論：「上下、前後、左右皆然，凡此皆是意，不在外面」的要求。

七、腰與胯──直腰坐胯

太極拳練胯之功法，有「摺胯、豎脊樑」之說，故對習練者言，須知胯，懂胯，練胯而達鬆胯，落胯之境。人類從嬰兒頭部直立始，為了支撐頭部，頸椎就會前彎。當開始站立走路時，腰椎就開始發展成後彎曲線，以支撐上

半身的重量。故十三式行功心解云「腰為纛」,亦云:
「命意源頭在腰際」,拳論所謂「時時留心在腰際」,
「主宰於腰」,「腰為軸」,皆是談腰的重要性,所以鄭
宗師稱太極拳是注重人體重心之運動,亦是以腰為中心的
運動。

　　鬆腰落胯是對腰胯的最基本的要求,更高層次則應要
求做到直腰坐胯,能鬆能落才能坐,能坐才能定,能定才
能穩。能穩才能摺,當體驗兩胯左右轉換虛實或轉腰滾胯
時,胯能左開右合,左合右開之摺胯現象,就代表兩胯已
鬆,要往更高層次去修練坐胯就不難了。

　　太極拳十要談胯,謂直腰摺胯。實則腰在上,胯在
下,腰是脊樑下端末節與兩胯連接,腰與胯有其承先啟後
的互補關係。所謂胯者,薦椎兩旁與髖骨連接處也。常人
稱鼠蹊部,係從髖骨與股骨連接處至尾閭骨倒三角形的
兩斜邊之肌筋腱統稱為兩胯。練胯的目的首要使胯褶疊
鬆落,欲使胯褶疊鬆落,必收尾閭,欲收尾閭,膝須微屈
微張,欲膝微屈微張,須擴踝鬆足跟,欲鬆足跟須足心貼
地。這些均為下盤穩固之要。下盤能穩當則襠圓,配合縮
小腹尾閭前收,則直腰鬆腰胯自靈,腰能鬆能直,胯能開
能合,則坐身穩當無虞。坐身穩當,腰胯不致挪移,則重
心俱足矣。故訓練鬆腰的心法為「束」字訣。

　　常人運動時十之八九均為移胯挪臀,而無法定住腰
胯。最主要是他們不懂得開胯圓襠,而以人字襠或夾襠來
應付各種運動,致使腰胯左旋右轉,擺幅過大,傷害到膝
關節。而太極拳最注重的是定住腰胯、鬆沈實腳,再鬆實

腳之胯關節。下盤不動，兩腳祇在虛實間轉換，上體則隨腰而轉，兩胯對正兩肩開合有致，有如一張撲克牌的四個角，必須一致地轉動，不可兩肩轉，兩胯不轉，更不可兩胯轉而兩肩不隨，讓撲克牌扭曲變形均是不正確的。

一般人的兩腳虛實互換，必須以上半身的移位配合兩腳的虛實轉換，才能運動前進或後退，所以腰臀部也跟著前後上下左右扭動、移動。但太極拳強調的是維持中定地轉換兩腳虛實，也就是「內動外不動」。操作時必須定腰、直腰、鬆胯、摺胯。吾師有句銘言：「兩腳虛實轉換在尾閭」。尾閭位於脊骨的最下端，尾閭能得中，轉換虛實時，定住腰胯。以實腳鬆沈帶動全身鬆沈，虛腳自然鬆開，向前邁開大步而不著力。

兩腳如果能在直腰中定的情況下，轉換虛實，對方就聽不到你的勁向與勁道，這有如坐在一部高檔的轎車上，因為車輪裝置精良的緩衝器，就算沿途路面起伏顛簸，坐在車裡的人都不感覺起伏搖晃。推手時，如果你的腰胯的緩衝效果夠鬆沈，對方是聽不到你下盤的虛實轉換的。故拳經才有「人不知我，我獨知人」的銘句。修練摺胯的功法有熊經、太虛步、六合式等。

先賢們對於腰的銘言可說是不勝枚舉，如「有不得機得勢處，身便散亂。其病必於腰腿求之」，如「氣為旗，腰為纛」、「命意源頭在腰際」，「刻刻留心在腰間」，又如鄭宗師後記所言：「人體重心在腰線間」，「主宰於腰，腰為軸」等。

練胯在練太極拳中起主宰的作用，無論健身或技擊，

85

把胯的定勁練出來了，效果也就顯著了。用胯的定勁分轉胯、擺胯、閃胯、拆胯、滾胯等。胯動的毫微分得分細，前述的諸項動勁中。大題來說，可分為定腰與走胯兩大項，所謂定腰才能整勁，走胯才能輕靈。初習者必須習知如何先把腰定下來，才能練出整勁的功夫，再求如何依兩胯之開合修練轉腰，走胯，如何使胯部像顆球般滾動，輕靈自如。❺

在要求腰帶腳、帶手、帶動身體各部位，要求大部分動作祇轉腰不動手，或動腰儘量少動手。譬如單鞭式右吊手向正南，左按手向正東（*左顧右盼*）時，先以實腳鬆沈，兩手嚴格要求不動，再轉腰帶動手，腰定雙手即定。這是定腰。當左手要向左正前方掤出時，左手為半個「雲手」。這時腰先鬆沈向左旋動，然後左腳被動向左前方邁出，帶動左手掤出，這是擺胯。倒攆猴中，手向後側盪去再圓轉而上到耳旁，這是靠閃胯帶動。斜飛式的動作時，有三個胯的動作，先是向左轉腰帶手合勁，次是抬腳擺胯抬腿，再其次才是轉腰捌手。楊派108式之海底針變扇通臂時，由折胯變起身，中正時有一拆胯、滾胯的動作。

要真正實際感知到開胯圓襠的好處，想像在剛站立時，兩大腿的內側胯間的皮膚是互相沾黏的，然後隨著開胯讓鼠蹊部突然分開，可感受一分涼意從鼠蹊部中間穿過。然後再收小腹，收尾閭，這也就是拳論所說的落胯。將椿功的兩膝旁開關係調整妥切後，你就會感受到，雖然站了二十分鐘，兩膝還是非常穩當，且越站越舒服，似從實腳湧泉有一股熱氣往上湧，且竄遍全身。此時全身已然

氣動，故訓練胯的心法為「褶」字訣。

八、脊椎──尾閭中正神貫頂

　　太極拳的十要須特別注意，立身中正，垂脊正直，含胸拔背，沈肩墜肘，鬆腰落胯，尾閭內收，保持直立的脊椎是非常重要的。所謂立身有軸也。

　　談到立身中正，垂脊正直，我們必須瞭解脊樑的結構，才能有效地執行人體立身中正的功法。人體脊椎分為頸椎七，胸椎十二，腰椎五，薦椎五與尾椎四，總其數為三十三。然常人僅知頸、胸、腰之節數，而不知薦椎有五，尾椎有四之說，此源於薦椎短而密，尾椎隱而不顯。尾椎之隱為人類進化結果，其功能與脊椎動物之尾巴同，均為維持運動方向之平衡與穩定。人類雖直立而行亦賴尾椎與地心引力同向而能穩步前行。此太極拳所謂收尾閭，尾閭垂正矣。故修練尾閭的心法為「垂」字訣。

　　站樁最主要的重點在頂頭懸，立身中正，尾閭垂正。也就是要求垂脊正直，立身有軸。有關脊椎不正的毛病，輕微者為椎節錯位，嚴重的脊椎側彎而椎尖盤突出，影響到日常生活作息，更可能引起許多疾病。

　　有人坐姿喜歡蹺二郎腿，就容易引起骨盆腔不平衡，甚至於壓迫到五臟六腑。女性由於懷孕的關係，是造成脊椎不正的最主要原因，其脊椎的毛病更高達男性的7～10倍，為保護脊椎的周圍肌筋腱等肌力不足，致脊椎無法保護中樞神經而引起各項壓迫神經的疾病。譬如上頸椎關係到臟腑的平衡，其嚴重的側彎會引起心肺、肝的功能失

調。頸肌緊繃就是頭痛和兩手痠麻的最主要的病因。低頭族，容易致頸椎第5、6、7節錯位，頭痛、手麻的毛病因此而生。台諺有云：「老倒縮」，則意指人老時身高會比年輕時矮，這就是年輕時沒注意頂頭懸與脊柱對拉拔長的結果。難怪鄭宗師會把體會：「手容恭，足容重，要撐，要撐，豎脊樑」的座右銘擺在案牘上，隨時隨地提醒自己。故修練脊樑的心法為「豎」字訣。

側面觀察人體脊椎為雙S型之弧型彎曲，上接頭骨，中接上肢與肋骨，下接骨盆與下肢。正常之脊椎，側面觀察，頸椎和腰椎為前凸，胸椎與薦椎為後凹，然正面檢視時，則形成正直之現象，故太極拳所謂垂脊正直係指正、背面觀為主。

從人體側面觀，正常的脊椎雖呈兩個S形之曲度，但卻有一條無形的垂直線，從耳垂、肩胛、髖部、膝到踝，節節貫串。如果下腰伏身時脊柱兩旁之背肌有高低起伏的狀況，可能就有關節前後錯位的問題。雖然輕微的關節錯位並不一定會馬上發生各種病痛，然一旦因錯位或椎間盤突出而壓迫到神經，就會造成腰痠背痛、手足麻痺等毛病，嚴重者可能讓關節滑液逐漸消失，各種劇烈病痛也會慢慢跟著來，千萬不可大意。

人類的脊椎骨常因半脫位而導致腦部神經脈衝受到干涉，第四腰椎壓迫到腿神經，導致四肢痠痛，器官機能減弱，身體自癒力變差等症。故平常姿勢不良，或因搬運重物、跌跤，都可能發生腰椎半脫位現象。身體的許多病痛，都來自於腰椎受傷。間接導致筋腱肌的萎縮及受傷，

而致氣的阻塞。腰椎必須有強而有力的肌筋支撐,才能維持其支撐力。

說到筋的強度,就得從脊柱兩旁的核心肌群談起,人體脊柱兩旁的核心肌群稱橫突棘肌群,其中多裂肌與轉肌最主要的功能在於支撐脊柱的直立與轉動。多裂肌與轉肌沿著脊柱交錯延伸,將脊椎骨串連在一起。當此肌群緊縮時所形成的作用力,作用於脊椎骨,使脊椎骨節節相疊貫串,形成正、反兩作用力。兩力相加相合,讓脊椎關節緊密相疊,就是節節貫串的原理。當眼鏡蛇在遇到危險時,把頭豎起來警告對方,就是利用頭部的領勁與脊柱周圍核心肌群緊縮致脊椎關節節節貫串所致。

顛頂不擺盪,重心既能中定,尾閭不移,脊柱得中,則尾閭與百會對拉拔長,垂脊正直。立身有軸此謂之褶胯、豎脊樑,乃中定之要也。鄭宗師嘗云「頂頭嘗有擺動,秘傳所謂雖練三十年不得成功。」

九、肩、肘、腕、掌

有句銘言:「沈肩、墜肘、鬆腕節。」含胸拔背、沈肩墜肘,必須與鬆腕節相互應。此為鍛鍊太極拳上體之要。上體由胸、背、肩、肘、腕所構成。初學太極拳時,吾師即常提醒「鬆胯是首要,鬆肩最難。」由此可見要鍛鍊肩胯的鬆柔,並非一朝一夕可竟全功。難怪鄭宗師在自修新法緒論篇曰:「一夕忽夢覺兩臂已斷,醒驚試之,恍然悟得鬆境,其兩臂所繫之筋絡,正猶玩具之洋娃娃,手臂關節賴一鬆緊帶之維繫,得以轉揑如意,然其兩臂若不

覺已斷，惡得知其鬆。」由此可知，高層次的鬆在鬆肩，
一旦悟得肩臂之鬆境，就能體會兩手隨腰盪轉、隨腰盪轉
一小圈、或虛腳隨腰胯與右手同時向左或向右後方盪轉、
左臂隨盪勢由下而上劃一大圈、右臂亦隨盪勢降落、兩臂
隨腰胯盪轉、左掌隨腰胯翻腕盪回等動盪之意境。兩手能
隨腰胯動而後盪，盪而後動。就能感知感受「臂如柳條、
掌如錘」之妙。

其實在吾師所演示的拳架裡，特別強調兩手兩腳之鬆
盪勁。在金雞獨立時，實腳鬆沈，虛腳提起之後，隨即把
虛腳盪下，再移胯的動作特別明顯。在右捋手時，右手隨
左轉腰往左側捋時，左手亦隨腰往左後盪轉一圈再與右手
掌在胸前合勁，此曰擠。亦能明顯感受，左手向左後盪
勁，再轉圈回擠的盪勢。

在練沈肩、墜肘、鬆腕節的過程中，如果能徹底瞭解
肩、肘、腕等上肢的組織結構，將更容易體會鬆肩的重要
性。鬆肩的首要就是練到無手，首先感覺沒手指無手掌，
然後依次去感知無腕節，到此層次就表示腕節已鬆。再感
知無小臂、無肘、無大臂，最後才感知無肩，所以鬆是有
層次的，有漸層的，必須依次去感知感受，才能修練到
鄭宗師所謂的兩臂已斷的境界。內功經總論云：「何謂勁
之樞機？曰肩也，脅也，肩為臂之本，脅為氣之窟，上以
頭部之精神，下以足腰胯之威勢，周身之大關會也。譬如
室之有門，國之有關，門不開，不通往來出入，故肩之為
用，其要有八，曰通、透、穿、貼、鬆、汗、合、堅。脅
之為用也，其要有二，曰開張舒展，緊彈聚斂，得此竅

訣，中部之妙，思過半矣。」

中國人常說：「一肩挑起重擔，肩負使命。」可見肩膀的重要性，人體全身的荷重支撐大多以兩肩為主，所以肩膀是最不容易放下。（然其力源來自於腰脊）

以肩膀為主，如何把肩膀放下。吾師常講，「鬆胯是首要，鬆肩最難」，常人最容易患的毛病就是聳肩、提肩，所以要鬆肩就必須把肩放下，未放下的肩，有如懸在樹上的蘋果。能鬆透的肩膀，有如被摘下放在手上的蘋果。放在手上的蘋果，他的重心是百分百的往下，沒有絲毫的「懸」意。兩肩要感覺這份「無懸」意，有如兩顆大蘋果放在手上，兩肘尖亦有如繫著兩顆鐵球，往下墜的感覺。這必須做到重心祇許放在一隻腳上，立脊垂正，兩手虛懸，褶胯，湧泉鬆沈。才能去感受，全身立如平準，活似車輪的感覺。（把你的雙手放在對方的手上，讓對方秤你的手，雙手是沈甸甸的。）

我們一再重提，「鬆胯是首要，鬆肩最難，」目的是讓習練者瞭解鬆肩的重要性。如果肩關節無法放下，一切的習練均屬枉然。肩部由鎖骨、肩胛骨與肱骨組合而成，鎖骨位於胸部上，頸部下，呈水平走向，其外側與肩胛骨之肩鎖關節連接，內側與胸骨連接，屬滑膜關節。肩胛骨（台語曰飯匙骨），位於上背部，和鎖骨共同扮演穩固手臂和活動手臂的角色。

就肩部與手臂的主要肌群而論，有跨越背部的斜方肌，跨越肋部的胸大肌，連結頸部的提肩胛肌、三角肌。連結小臂有手前的肱二頭肌與手背的肱三頭肌，小臂的肌

群，主司手腕與手指的動作。這些肌群有小紡錘狀的肌腹，在小臂下部與眾多肌腱連結，並往遠側延伸到手腕、手部與手指等。以負責手部之屈伸外展、內收、內外旋、上下旋、上提、下壓等動作。

肱骨又叫大臂骨，其與肩胛骨連結，形成肱骨關節，屬滑液關節中的杵臼關節，肱骨近端與肱骨關節連接，遠端與小臂之橈骨和尺骨連接。肘關節是由肱橈關節、肱尺關節與橈尺近側關節所組成，而橈骨與尺骨是構成前臂（又稱小臂）的兩根骨頭，尺骨在內，橈骨在外，司前臂之旋前與旋後動作。即各以橈骨或尺骨為中軸，轉動橈尺近側關節和橈尺遠側關節的動作，故修練肩膀的心法是「放」字訣。

在了解手部的骨骼結構，我們必須進一步去探索關節與手臂周邊肌群的互動關係，並從中探討手臂周邊肌群對太極八法之應用。所謂太極拳不動手，是利用肌筋腱伸縮與骨關節的曲伸讓運動極小化，以取得形體之節節貫串與意之貫串。以運動力學而言，此曰等長運動。在此情況下肌腱與關節外形是微動無屈伸的，但並不代表手部的主要肌群與其協同肌不動，祇是因鬆得徹底，所以內外均動得微乎其微。故了解手部肌群的功能對太極拳功勁之發揮就顯得特別有意義。

對於肘部之要求為垂肘，亦稱墜肘，然不管是垂肘或墜肘，均代表肘尖須垂下，不可上仰，且須微曲。所謂翅肘開腋也。因為祇有肘部微曲，腋下才能含虛，掌部才不會使力。練拳的要求為起勢，當兩手上抬腕部平肩高時，

兩肘窩向上，十指尖鬆垂向下，肘尖才能往下垂正。單鞭式時，吊手之五指併攏，然不管是吊手或按手之肘窩均向上，肘尖下垂，玉女穿梭之定式，上下兩按手之肘尖均不可上仰。站護心樁第一式時，兩肘窩向上，此才能讓肘尖完全下墜。這有如在兩肘尖處懸吊著大石頭，而護心樁第二式第三式，不僅肘尖要垂下，肘意還要向前。與人推手時更須保持兩肘隨時在身前，並祇能隨腰動，且切勿向身後收，此曰守中攻中也。因為張開的雙肘等於打開中門，讓對方長驅直入，所謂開門揖盜也，不可不慎。修練垂肘的心法為「曲」字訣。

手腕和手部的三大骨骼群為腕骨、掌骨和指骨。腕骨有近側與遠側兩排，由八塊大小卵石般之骨頭所組成，在手腕的伸褶遠端，可觸摸到腕骨的每個面，即手部之掌側，背側橈骨與尺骨表面。

掌骨有五根形成手掌的長狀骨，近端為基底，中間長形部分為骨幹，遠端則為指頭。指骨為手指的骨骼，大拇指有兩節指骨，其他的手指各有三節指骨，指骨的每一面都很容易觸摸到。

橈骨遠端與腕骨組成橈腕關節，屬橢圓關節，第二到第五個腕掌關節屬滑動關節，只能小幅度的動作，大拇指的第一腕掌關節是橢圓形的鞍狀關節，掌指關節為手部關節，亦為橢圓關節，而各指之手指關節屬樞紐關節。以上為手部各骨骼與關節之構造，修練腕部的心法是「舒」字訣，即指尖須不張不拚也。

以手部而言，手指為梢節，是神經最靈敏處。如果將

五根手指頭撐開，肌肉緊繃，反應就遲滯。所以放鬆手掌的肌筋腱，尤是是放鬆拇指肚，將五根手指頭統一在同個方向，即拇指不可上翹，拇指第一節微內收，以食指領勁，才能為聽勁建立灘頭堡。吾師嘗言：「手掌要卷，手指頭要舒，如在掌中含住一顆棉球，整根手臂自然彎曲放鬆。」與人推手，以勞宮穴敷住對方，如影隨形，若即若離，故修練手掌心的心法為「敷」字訣，所謂敷、貼、蓋、吞也。

在手腕的功法上，渾元椿的第一式強調坐腕輕提，下壓貫勁。第二式強調上提掤勁。第三式強調合抱含勁、掌背向外伸展。第四式強調手掌向左右側外旋兩掌心，仍螺旋勁、纏絲勁之濫觴也，功法有達摩迎風，西施梳頭等。

手腕的修練，強調的是美人手的極致，所謂沈肩、墜肘、鬆腕節。腕節要鬆，必須是美人手，腕背是向內的微曲，如果從手臂外側平行拉一直線往腕部伸延。腕背與此直線的夾角約12度至15度角之間，再從掌背平行拉一直線向指梢延伸，食指背與此直線的夾角亦約12度至15度角。再從食指背的第一節平行拉一直線往指尖伸延，則食指背第二節背面與此直線的夾角也大約12度至15度角。中指，無名指，小指背面的角度與食指相同，指縫自然分開。大拇指不向上翹，且拇指末節內收，五個指尖必須指向同一個方向，才能感覺到鬆，拳架或椿功，捲起手指，手掌心似含著一顆棉球，故修練手指的心法是「卷」字訣。

在與人推手時，切忌拇指上翹或小指外翻，因為祇要

拇指上翹或小指外翻，均代表是用力非用意，必須做到腕節鬆，五指攻，才能把力卸到腳底，當力量卸到腳底時，重心腳湧泉貼地，腳跟離虛，如此才能感受全身鬆的感覺。

十、頭容正直，頂頭懸，虛靈頂勁

首先必須從頭部談起，所謂頭部領勁，提綱契領也，內功經總論云：「頭為諸陽之會（匯），一身之綱領，譬如物之有柄，事之有始，柄之不正，事之不裹，專望後之等哉？故頭之為用也，欲向上提起，不欲向下堆積，欲生旺有神，不宜頹靡無氣，一身之勁雖不在頭，而頭未始無關於勁之得失也。」所謂精神能提得起，由頭開始也，頭實乃提綱契領之要，必須起到領頭羊之責任，如水果之懸在樹上，立身乃能中正，作止始能合規矩也。

有學生問，練太極拳時，頭部應如何擺法。答曰：頭容正直，兩眼平視，準鼻樑，收下額是也。頂頭懸者，即虛靈頂勁也。頭部之頂上正中仍前囟門之所在。前囟門者，位於顱骨交接處，即兩頂骨與額骨間，在額頭靠近頭頂處，狀呈菱形。嬰兒出生時，其寬度約二至三公分，於出生九至十五個月關閉。此即百會也。百會下一吋處為泥丸宮。頂頭懸須腳下鬆沈時，百會隨身體而下，泥丸宮之意念須留在原處，是謂虛靈頂勁也。故修練頭部的心法為「正」字訣，所謂提頦以正頭也。

頂勁者，頭容正直，神貫於頂。不可用力，用力則項強，氣血不能通暢也。頭部自然中正，則精神自然提得起，身體自然輕靈。安舒、支撐八面。仰頭則氣易上浮，

低頭則精神提不起，均違反太極拳頂頭懸之要求，全身往下鬆沈時，百會隨身體往下沈，但泥丸宮的意念須留在原空位，此稱頂勁也。

十一、眼──精神提得起

眼者，神之舍也，樁功或行拳走架，收攝心神，眼觀鼻，鼻觀心，則能歛氣又凝神。推手發人時，則曰眼神前視，神意穿透對方身體，直抵對方身後無限遠處。化人時，神意隨對方力向之慣性往前，手意順隨對方力度往後就能化人於無形。故眼神者，意之輔臣也，高層次之眼神，神意是隨腰而轉，左顧右盼，可以化人，可以發人。修練眼神與神意的心法為「歛」字訣。

十二、意與氣

古道家所謂意者，心之器也。氣者，血之母，氣血一體，血屬陰，陰主固化，而氣屬陽，陽主氣化，因此血中的陰需要加入氣中之陽，血管才不會硬化，所謂「血氣交融，其病焉在？」故川字樁練氣不須配合呼吸，自然呼吸就好，當站到實腳痠麻脹時，可利用腳掌的鬆沈作上吸下呼的納氣動作來舒緩，以達練氣之效果。

內功經總論云：「頭者，勁之綱領，肩者，勁之樞機，足者，勁之歸宿，知此三者，可以得其大概矣，猶有要專，何者也？曰氣也，蓋勁之生於氣，猶木之生於水，木必待水潤而得生，勁必得氣養而後出，欲願養氣必開關竅以順其氣，然而人身之關竅皆為後天之濁氣否塞盡矣。

雖欲養氣可得哉，必伸筋拔力以通之，而後真氣自行，行
是氣可以養勁，可以濟氣矣。故用之初，氣勁盡有交互相
濟之用及其久也，有渾然如一之德，後之學者潛心體會，
必對予不妄評矣。」

　　川字樁的第四式練「用」，必須與第一式練「體」，
第二式練「意」，第三式練「氣」配合。一路走過來，如
果功法正確，修練得宜，要達到人不知我，我獨知人並不
難。川字樁第四式練「用」，是動樁，以實腳鬆沈的方式
訓練腳掌的伸縮彈性、鬆沈靈活性與意之驅使。我常告訴
習練者向兒童學習，剛學會走路的兒童以虛提腳跟走路，
走起路來看似顛簸，其實際上卻很有平衡感且很少跌跤。
等他學會跑步時，更是踮著腳尖蹦蹦跳跳的，常人以為身
體結構有問題，但看在專業人的眼裡。這是人體最正常的
緩衝擊結構。

　　川字樁第四式練「用」也是修練鬆沈的功法，全身垂
直鬆沈，如果實腳的鬆沈越深，虛腳的步幅就越大，推手
時就能得空間之優勢，全身跟著實腳垂正鬆沈，但不可自
作主張。仍須遵守下實中靈上虛的原則操作，因為下盤的
鬆沈，會使上半身鬆開，才能勁出指梢。身勢垂正鬆沈，
勁出指梢是最能夠即時印證「其根在腳，發於腿，主宰於
腰，行於手指，由腳而腿而腰，總須完整一氣」的發勁體
現。想像你在海邊釣魚，拋甩魚竿的衝力，讓鉛錘帶動魚
線往前衝，而你將釣竿往後收拉的感覺，可能最容易表達
出鬆沈發勁，身形下坐，勁出指梢，肩退胯進的感覺。此
所謂有前就有後，如意向前先挫後也。

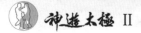

　　站樁不僅可以打好下盤的基礎及手的掤勁，亦是鍛鍊氣沈丹田的方法，養氣時一要鬆，不僅形體要鬆，精神也要鬆，二要靜、精神專注，心平氣和，體鬆心靜，三要用意，以意導氣，用意不用力。

　　修練太極拳初階練氣，透過動態冥想，讓習武者得以藉由不斷演練中去修正某些基本的原理。譬如藉由放鬆髖關節來轉移重心，益發深沈的放鬆，再輔以身心和吐納間的協調，以丹田內氣來感知勁的存在，並將勁反射到指梢或導入到湧泉紮根。在放鬆身體某部分的同時，將另一部分注入能量。這就是站樁冥想導氣的原則。

　　因此你祇需要站好，擺好正確的架式，然後慢慢修正一些最基本的動作，就可以探索許多基本原理。例如將兩手之十指交叉，反手向前伸展，就足以感受到體內最輕微的波動，肌腱的拉扯與牽動。你會意識到雙腳、腿部、背部和肩膀所隱藏的緊繃，因從百會到湧泉的對拉拔長而慢慢地得到解放。接著你祇要循序漸進，日復一日、月復一月、年復一年地，反覆練習去釋放你的緊張，隨著緊繃逐漸消退，取而代之的是全新的感受。你學會導引體內的氣脈，能察覺氣脈的路徑。很快地，手指頭帶著酥麻的感覺靈活起來了。

　　太極拳樁功系統其實就像是一個可以讓人內化健康的基本法則，釋放緊繃壓力，以及培養充沛的覺察力，讓一個簡單的技巧，可行的原理，為這樁功注入能量。將此能量積疊，化為勢，此勢之動能匯集到一個程度時，是可以摧枯拉朽的，所謂「大水沖倒龍王廟」也。

　　定勢單練站樁為內家拳修養精氣神，手心內含，腳心鬆，養的是命門真氣，常練可使手心、腳心和百會穴有熱感、全身始得氣，四肢脹滿，這是練後天之氣。腳底有股綿綿的氣勁，源源不絕的升到丹田，丹田像一顆太極球般在滾動，並有一股熱能，直竄背部，循行兩臂，達於手指，練對了樁功氣場的能量不但能排穢氣、病氣，使身體趨向更健康，也能滋養五臟六腑，活化細胞，提升精氣神。更能養出勁力。

　　樁功運動雖是靜態，但在練習前也必須先做伸展筋骨，讓心情平靜下來，疲勞才能慢慢消除，一些陳年舊疾才能慢慢得到修復。例如在站樁功之前，先俯身下腰，眼睛向前看，使背脊挺直，兩手自然垂下，手心向上，十指交叉著地，旋動腰胯。然後慢慢挺身，當兩交叉手隨挺身提到胸前時，吸氣，反手向上推高，手心向上。眼視交叉之反手背。再反手致手心向下，眼平視，提腳跟同時將交叉之雙手再向上提，然後鬆沈雙腿，雙手慢慢向兩旁分開，恢復原式，此式能以意念導氣是樁功前之前導功。

　　太極拳之功能，旨在引勁導氣，故其體柔，其動也緩，其定也穩，歛氣凝神。能柔則勁不呆滯，能緩則氣可均勻，能定則間架可整。發於內而動於外，筋脈神經，五臟百骸，俱能鬆開，一動皆動，一靜皆靜，相與為用，感應互補，內外合一，表裡融貫。

　　建立練太極拳的正念後，就能專注心神以練氣。所謂專氣至柔能嬰兒乎？體內的氣要專注一方，集中統攝，管住眼神，精神往內裡收攝，將氣匯聚於丹田，才能氣沈丹

田。

　一般氣功，氣由丹田下行，接地谷、越尾閭，上行走督脈，過三關，經百會，下行走任脈，搭鵲橋，下重樓，復歸於丹田，沈於丹田。此祇能養生，無法成就內勁。內勁是太極拳的內涵，如果說力為電瓶使汽車發動，勁則如引擎之運使。修練太極拳功勁，必須把心真正地安靜下來，不存絲毫雜念妄想，要專注地意守丹田，體內之氣才會有熱騰的感覺，先以丹田凝聚足夠的內氣，運行周身，下到兩腳腳底湧泉，上至百會，達於指梢，才能成就太極拳功勁。

　心神建立後，就要身體力行，八法五步，外練筋骨皮，內練精氣神，體之曲伸，氣之開合，內心之鬆靜，如剝洋蔥般地由外而內，一層一層地體會。心放空了，身體放鬆了，建立太極拳修心養性，捨己從人的正念，就能進入太極拳道之堂奧。正念使人專注心神，歛氣入骨，集中統攝，專注一方，精神往內裡收攝，內觀其心無心，外觀其形無形，如海納百川而不溢也。

　太極拳如果沒有了這個心，將變成空架子。沒有了心，就不能以心行氣，以氣運身。沒有透過氣的行運，則不能收歛入骨，聚成內勁。心在身先。先有心，後有身。心是主，身是從。練太極拳，心意堅定，有毅力，有決心，才能有始有終，才能不怕吃苦，這個心也可以說要把心擺在前面，當做領頭羊，以意念，意識來帶引身體。

　心與氣既不可分開，氣是開竅的能量，祇要用心指定目標去守竅，才能將竅打開。故息至心，不至不開竅、心

守息，不守不開竅、心息雙至才開竅。但任其出入也不開竅。

即指心和氣是不能分開的，因為氣是開竅的能量，但須由心指定目標去守竅，才能將竅打開，而且不能「任其出入」，意指守竅要專心恆久，此即鄭宗師所謂「心與氣相守於丹田」者也。（詳閱第一輯論意篇）

故無論樁功、行拳或推手，從心開始，心息相守，以心行氣，以心識意念運行氣息，讓內氣透過意念加以導引牽動，積蓄能量而產生內勁。因心識所識而顯於外者，精神也。精神是主人，氣是隨從，有心的運使才能神聚，有意之運使，氣才能運行，行氣以心為主導，定住心神為首要，讓心安定下來，才能心平氣和，故曰「全身意在精神不在氣」。

【註】

❶腎形足弓：腎形足弓即腳底板的蹠骨（前腳掌）外緣與足跟部接觸地面，而腳底板的內緣則懸空，此時，你的雙膝呈微曲，胯部褶疊。想像有條線從腳跟劃出穿過第三根腳趾的中心，兩膝尖對準這條線就對了。如果能將腳底調整出腎形足弓，則可以讓足部的骨骼，軟組織及腿部髖部重組到最佳狀態。操作時，可裹住雙腿肌，把雙腿向外旋，膝蓋的意念外張，此有助於臀部，雙膝和踝關節的重新定位，讓脛前肌和臀中肌更強壯。

❷拱形結構：請參閱《神遊太極》第一輯「保護膝關節」一文。

❸罩者，籠罩也，有如清晨的煙靄雲霧，籠罩整個山

谷,整片山林。踝部要有籠罩大地的氣勢與氣魄,才能體悟身體的最佳平衡效果。

❹最強有力的發勁源自於支點的結構。弓步發長勁,必須特別注意,鄭宗師在自修新法攬雀尾左掤的最後一段話,「前腳七分實,如直向地下栽植,後腳三分活力,向前推進。」如果能體會這句話之「支點,支撐」的作用,則思過半也。譬如機車的腳架,當我們要停機車時,用腳把腳架往前推,如果不小心沒把腳架推到定位就放手,機車馬上往前滑動而摔倒躺在地上。可見支點對人體的重要性,故人體最強有力的支點結構,為膝尖與踝窩垂正,小腿如直向地下栽植。

❺滾動之原理:滾者,亦轉亦走也,如球在地上滾時,軸心始終離地面等距,此曰軸心不動也,然球體卻向前移走之象,此謂胯之走。對於腰的要求是定腰、直腰、束腰,切記。

陰陽相濟

吾師曰：「太極即陰陽、虛實，例如右足移出，左足
絲毫不能動，而要純乎自然，綿綿不斷，長江大海，滔滔
不絕，自始至終，一氣呵成，毫無間斷耳。」

又曰：「任何動作切忌雙重，所謂陰陽一邊兩面，故
發勁必須要假與真，即陰與陽才能達抱元守一，以不變應
萬變，且注意中定。」學者宜慎悟也。

中國古老傳說，宇宙本是一片朦朧，渾沌初開，女媧
補天，始成天地，故天地由無極而生太極。太極有陰陽，
人體亦分陰陽，一陰一陽謂之道，所謂孤陰不生，獨陽不
長，此為陰陽相濟之濫觴也。

以陰陽學說論人體。人體結構是很奇妙的組合，腳底
是陰，腳背是陽，從腳後跟往上行，經膝窩至胯根，即胯
根以下到腳後跟是陰。胯根以上至背脊經玉枕直到百會
（泥丸之上）是陽，百會是頂部陰陽交會處。奇經八脈
在此會合，百會往前下行，經天靈、膻中、丹田至會陰是
陰。而腰胯至膝至踝腳背、趾甲是陽。人體以胯根為分界
線，上半身為陰在前，陽在後。胯根以下之下肢為陰在
後，陽在前。雙手則陰陽左右各半，陽在外，陰在內，人
體是陰陽之體。

人體即是陰陽之體，所謂外靜內動。內靜外動，靜中

寓動，動靜相兼，陰陽平衡。形體有陰陽之分，動作有虛實之別，動者為陽，然其運動之形體又為陽中陰，是為柔。靜者為陰，其內氣所形成之勁又屬陽，為陰中陽，是為剛。

太極拳是根據人體陰陽相濟之結構所設計之高層次的拳術。首先應從形體的虛實轉換進入太極拳陰陽變易的內功修練，必須懂得陰陽變易之道，當我們兩腳前後站立，以小弓步面對敵人時，兩腳的外形必須讓對方看不出到底把重心放在哪一腳，內動外不動，才是陰陽相濟。

鄭宗師之太極拳運動新論曰：「太極拳何謂其然也，以其窮陰陽剛柔之變化，而且有太極之體用與至理。」習練太極拳才能舉動輕靈，用意不用力，動分虛實，內外開合，上下相隨，動靜相因，空手輕扶而無力點。此均涉及虛實陰陽變化。

拳論云：「太極者，無極而生，動靜之機，陰陽之母也，動之則分，靜之則合。」練太極拳只要動便分陰陽，便有虛實。不動在靜止狀態，陰陽沒有消失，仍處陰陽相濟之中。鄭宗師常言：「譬如，動則筋柔，屬乎陰，定則氣剛，屬乎陽，是以柔形於外，剛藏於內。然剛屬於氣，內斂入骨，柔屬於筋，外縈血體。故陰極陽生，陽極陰生，陰不離陽，陽不離陰，各至其極而生變化是謂太極。」

太極拳既本陰陽相濟，為尚氣之拳。拳論云：「須知陰陽相濟，方為懂勁。」懂勁為技擊建立初步基礎。太極圖的兩魚明明白白地告訴我們，陰陽須同時並存。「有上

即有下，有前則有後，有左則有右」，拳架或推手，都須牢牢記住此原則。

實踐在身體上，體會「即」「則」兩字的真實意涵，決不是有上然後有下，是有上即有下，上下是同時存在的，時空必須同時完全體現出來。有前則有後，前後也必須在同時空並存體現出來，不可有時間差。難就在同時間，同空間要體現八個不同的形體與意念，所以不懂虛實與陰陽就是雙重之病。就如拳論所云：「每見數年純功，不能運化者，率自為人制，雙重之病未悟耳。」雙重之病尚可慢慢體悟，慢慢修正。最怕不懂，練偏了，走偏了，還洋洋得意，自以為懂得雙重之病，則將是差之毫釐，謬之千里，致越走離太極拳越遠而不自知，或至死還以為自己練的就是太極拳。

技擊運用陰陽、動靜、剛柔、虛實，互為因果，互補長短。如對方攻來，長手已觸到我的手臂或身上時。在接住對方的著點時，外形上並沒有躲、閃、撥、拿等動作。外形仍安靜地站立不動，祇是將著點上之力量鬆化到腳底，避實擊虛，已然鬆沈吸納對方進攻的力點。一進一化僅是在剎那間的微觀陰陽變化中完成。陰陽之體已製造出發化的內部空間，從外形是絕對看不到，摸不著的。是難以觀察到全身從腳底湧泉到百會至著點處，正在進行著陰陽變化虛實轉換。同時我之意念已侵入彼之體內發化拿打，自然而為之。是一動全動，是內動外不動，是陰不離陽，陽不離陰。是陰陽相濟，動靜相間。

楊班侯有詩曰：「太極拳法少人修，吞吐開合問剛

柔，正隅收放任君走，動靜變化何須愁，生剋二法隨著用，閃進全在動中求，輕重虛實怎的是，重裡現輕勿稍留。」

如掤是讓自己有形與無形的內部空間無限擴大，故當對方接觸到我之掤手，隨著對方的力點與我之掤勁所形成之著點，當感知對方力點之力向是往上或往下，力度之強或弱，我掤手的小臂隨彼之力點來變化陰陽。隨彼之力度而轉換虛實，以聽勁感受對方力量大小與勁力方向，即可將彼之力發化於無形之中。或將掤勁轉為捋、擠、按、採、挒、肘、靠等八法變化，施予對方發化拿打。這有如公園裡的旋轉門，始終杵在那裡，當人們要經過旋轉門，推動旋轉門時是軸心轉動，扇葉跟著旋動。推手時腰轉，腰帶手動亦如斯，故謂「手是兩扇門，全靠腰打人」。此軸心轉動是陽，扇葉旋動是陰，陰陽相濟也。

此僅是掤手之陰陽變化而已，然此陰陽變化的動靜之機，是全身性，整體性的，是立體圓的，是萬向空間的，是大圓中有小圓，是大圈化小圈，小圈化無圈，是環環相扣的。故謂引進是過程，落空是結果，合即出是選擇，是半圈化，半圈發之圓動的選擇，是發打或走化的選擇，是自然而為的無意識反應，是無為與無所不為的感知，此絕非僅是手臂之轉化而已，亦非移動身體所能為之。又如「右掤」，千變萬化的掤，靜止不動的掤。意在腰間，對方來力是由上往下，掤臂隨腰由前上往內往下轉，讓來力消失於我之腳底，讓對方失勢前傾。此著係先陽後陰，是掤轉捋，掤轉空。如對方來力由下往上時，我則全身往下

鬆沈，小臂隨腰由前下向外往上為按手，讓來力消失之同時，對方失勢後仰，此著係先陰後陽。如對方以左長手來勁貼我右胸，我之左手臂隨腰右捋，對方再以右短手來勁擊我左胸，我之右手臂則隨腰再向左盪轉。訓練此功以雙方雲手互推法和無肩推功法最具實效。

太極拳即是陰陽相濟的拳，強調陰不離陽，陽不離陰，陰陽相濟，方為懂勁。如何體會陰陽相濟呢？對於初習者要體會其真義可說是太難了。但在現實生活中，總有可比喻吧。譬如騎單車的兩腳踩著腳踏板上，當右腳將腳踏板往前向下踩是實，左腳腳底銜著（含住）腳踏板隨著腳踏板往上是含虛，但不可離虛或絲毫不可有任何踩力，否則轉換虛實時將會產生雙重的剉力或斷點，而倍感不順。左腳往前向下踩時，右腳亦是含虛而離虛。如此週而復始，循環不斷，才能產生往前的動力。此種兩腳虛實轉換打圓所產生的動能，與太極拳的虛實轉換所產生的能量，有異曲同工之妙。

陰陽相濟，虛實平衡為太極拳的主導思想，練拳的目的就是為了取得動與靜之間的平衡關係。譬如高空走鋼索，身形必須在虛實之間取得動靜的極度平衡。走行勁步❶時，將兩腳意念貫到湧泉，一虛一實相互變換，體驗走行勁步與騎單車的結合之妙。走行勁步功法是修練活步推手植根發勁的基本功，目的在修練兩腳虛實轉換的靈活度，故有「定膝練整勁，走膝練輕靈」之格言。

特別須強調的是兩腳虛實轉換在尾閭，尾閭內含，轉換是漸進的，是在一加九減中進行的，是陰陽相濟，虛實

互合的。意守在兩腳掌之湧泉穴，目視前方，右腳往左腳送勁時，右腳是由於實腳轉虛，是漸減，由九減至一。左腳則由虛轉實，是漸加，由一加到九。足心貼地則如貓捕鼠，匍匐前進，每向前踏出一步，實腳鬆胯往下鬆沈，全身關節放鬆，並沈到腳底，轉換虛實須留意。虛腳離地前，留住一分意念，湧泉送勁。孤陰不生，獨陽不長，如不留意，將使整個間架散亂，而發不出節節貫串之整勁。

修練陰陽相濟的功法，兩腳前後小弓步站立，當前腳膝蓋打彎時，後腳膝蓋要挺直。前腳膝蓋打直時，則後腳膝蓋則需向前打彎，兩腿交互虛實轉換，此有如兩腳在踩腳踏車之虛實曲直轉換，在曲與直交替互換中，反覆練習，可使胯、膝、踝等關節不斷鬆化。亦為修練陰陽相濟，虛實轉換的功法之一。

我常以小孩玩翹翹板與天平的中心支點來喻太極拳的兩腳虛實轉換，以旋轉門來形容身體虛實變換，此亦源於陰陽相濟也。設翹翹板上一端坐的是七十公斤的大人，另邊坐的是二十公斤的小孩，兩邊無法平衡，雖然中心有支點，亦非陰陽相濟，無法虛實轉換變換。因為它是恆定，是不動。天平兩端的法碼如果不等重，亦然。

吾師之九轉乾坤功法，含單練與對練，意在使修練者的身體產生滾動的球體，而此球體是拳論所謂的「陰不離陽，陽不離陰，陰陽相濟」的軸點。且能由此軸點衍生出複數滾動的圓點。馬有清大師曰：「太極功夫鬆得好，身上的任一軸點，推手、技擊點點俱到、點點俱打。」楊禹廷大師也說：「功夫越深，點越小。」此與吾師所謂的

「大圈化小圈，小圈化無圈，虛實點中求」實有異曲同工之妙。鄭宗師銘言：「全身是手手非手」最能貼切表達出全身佈滿滾軸球。陰陽相濟的太極功體。再者，如言推手之勁聚，也須陰陽相濟，在行拳練功的修練中，手掌切勿大把抓，張開五指，伸出大巴掌，陽中無陰是很難掌握「舉止輕靈」陽動陰生的功法。

太極拳前進、後退，左顧、右盼、中定等五步以腳為主，然手是拳功的橋樑。練拳或椿功時，如果無法抓住手的各項要領，很難成就拳功，體悟拳功的。所以行拳時，指要卷，不掛力。小指司下落與回掤，立掌如劈，引領将勁。無名指引領擠勁，中指則引領按勁，食指要完全鬆空與其他四指同向來引領上掤勁，為自家中心，拇指引領掌的鬆化。五指各有所司，各有其功能，然必須同心協力，同一思想在同一勁路上。在推手的陰陽轉變中才能以體導用。了悟陰動的起點是陽動的止點，陽動的起點是陰動的止點，往返復始，周流不息，此謂陰不離陽，陽不離陰。陰中有陽，陽中帶陰，如太極圖之黑與白，陰陽互抱不離，首尾銜接也。又如挒手，有滾挒，上臂挒，下臂挒，上體挒等均為兩個力量相等，方向相反，陰陽相濟所造成的攻擊功法。

內經：「人生有形，不離陰陽。」人為陰陽所生，凡屬人身健康壽命，皆脫離不了陰陽，凡涵蓋在陰陽領域者皆屬命功，修成先天一氣之後，已屬純高層意識與訊息的運化範圍，亦即凡脫離陰陽領域者皆屬性功。

宋末，李道純全真集玄秘要云：「一炁判為兩儀，即

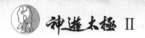

人之立性立命故也。」故先天一炁是性，陰陽兩儀是命，唯在修練的過程中，物質中有能量，能量中有物質，經常是精氣神合用的，所以性與命之間有重疊的灰色地帶，修命的陰陽功法大多只到肚臍為止，大部分的時間都在丹田用功，修性的最高部位則上可達腦部的「天谷」，下可抵兩腳的湧泉穴，《黃帝內經》：「天谷元神，守之自真。」天谷為藏神之府，為超凡入聖的修性之地，古道家都主張性命雙修，認為「形神俱妙」才是修道正途，但亦有偏重修命或「先命後性」、「先性後命」者，其實形與神是二而一，一而二，其分別只在不同層次能量的變化而已。佛家云，色即是空，空即是色，性與命不過是物質與能量之間的轉換。丘處機：寄西洲道友書：「剎那悟道，須憑長劫煉磨，頓悟一心，必假圖修萬行，今世之悟道，宿世之有功也。」

太極拳是天人合一的功法，先修命，後修性，是由下往上修的功法，如果能了悟武功以命為本，以性命雙修為體用，才能體悟陰陽相濟之真義。❷

鄭宗師的陰陽妙用論，可謂現今太極拳中對陰陽之體用的經典之作，茲轉錄於後：

陰陽妙用論：陰陽妙用須於拳架、推手上求之，先採攻守為進程之階，不可越體用二法，攻者為陽，守者為陰，攻不可強取，守不可緊張，必須守必固，攻必取，皆須自然而能得者為上也。譬如採、牽、走、化，能知虛實之用者，乃守之為陰。撥、擊、發、放，可得心應手而用，乃為攻為陽，須要分清之類。強者先為守勢，弱者取

攻勢，守者以左右落空，略帶牽採者為得也，攻者以撥、靠、發、放，必須如法，不可自落虛空為得也。太極拳須知一陰一陽之為道，守勢為第一，譬如言一陽一陰便成為天地否，地天為泰，能守方可言攻，現在要求進步，必須從守方面著手，等於水火既濟。

【註】

❶行勁步，又稱行經步，為吾師築基功法之一。當習練鳥伸栽根步後，體悟鬆沈、貫串，立身中正的要訣後，繼之可習練行勁步，致下盤轉換輕靈。

❷靜坐是修性，導引是修命，佛家重修性，道家則注重性命雙修，故於靜坐後，必以導引術補之。活動筋骨，養生常欲小勞，太極拳功，古之導引術衍生而來也。

虛實之間

吾師曰：「兩手虛實轉換在夾脊，兩足虛實轉換在尾閭，身體重心祇在虛實之間轉換，且須永保中定。」又曰：「虛實點中求，即虛實轉換祇在一點之間，這個點可微如毫芒，似電光石火。」

楊班侯《虛實訣》：「虛虛實實神會中，虛實實虛手行功，練拳不諳虛實理，枉費功夫終無成，虛守實發掌中竅，中守不發藝難精，虛實自有虛實在，實實虛虛攻不空。」

初習者，十之八九都會被虛實宜分清所困惑，甚至於走入虛實分清的誤區而不能自拔。虛實分清，老師要說清楚很難，學生要完全體悟更難。如果遇到祇練拳架，沒推手體驗的老師，甚至於會把學生帶往捨近求遠的方向，更是學太極拳者的噩夢。

太極拳拳勢之虛實必須蘊藏在勁中，而不露於形體。由此可見明虛實之重要性，故楊澄甫祖師論太極拳十要之四曰：「分虛實，太極拳術以分虛實為第一要義，如全身皆坐在右腿，則右腿為實，左腳為虛。全身坐在左腿，則左腿為實，右腿為虛。虛實能分，而後轉動輕靈，毫不費力，如不能分，則邁步重滯，自立不穩，而易為人所牽動。」

鄭宗師述口訣之三：「曰分虛實，拳論所謂，處處總此一虛實，以右手與左腳相貫一線之勁。右腳與左手亦然，如右手左腳實，則右腳左手虛，反是則亦然，是為分清。總之全身負擔只許放在一隻腳上，如兩腳分擔便是雙重。其轉變時，要注意尾閭與夾脊得中，方為不失中定，至要至要。」又曰「按轉變一語，即是變換虛實之樞機，不經道破，真永不知有下手處也。右手實勁，交與左手，其樞機在夾脊。左腳實勁，交與右腳，其樞機在尾閭。但要尾閭與夾脊中正對直，方為不失中定，此語非潛心領悟，不易得也。」

　　楊澄甫祖師論述，簡單扼要，述明何謂虛？何謂實？「兩腿能分虛實，則舉動輕靈。如不能分，則邁步重滯。」鄭宗師述口訣更闡明，論虛實在「分清」，在「轉換」。必須先能「分清」，然後才能「轉換」。將全身負擔祇准放在一隻腳上。負擔全身重量的一隻腳為實，實是穩定，而不用負擔全身重量的另一隻腳則為虛，虛則輕靈。虛是變易，所謂虛實轉換，互為其根。此有如水上之浮萍，在水面盪漾，然其氣根永遠向下，是實中含虛，虛中有實，是虛則實之，實則虛之，是無根之根，變化莫測。更如裝了半桶水的汽油桶，在水中翻滾。載水的部分永遠朝下，是實；沒載水的部分永遠在上，是虛。但對整個翻滾中的汽油桶來說，其虛的空間與實的空間是不斷地互換的。前一刻的虛，就是下一刻的實，下一刻的虛，可能是前一刻是實，虛實是不斷的變換的，虛實也是遞減與遞加地轉換的。

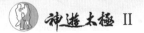

　　變換虛實者，含步法、手法、身法與內氣之虛實轉換，太極拳貴在虛實變換，無論在手的八法體用，腳的五步運用，都須在內動外不動，全身的中定裡求變換，上體、中盤、下盤如何變換虛實？

　　比如中盤腰胯的虛實轉換，必須靠下盤來引動，上體的虛實轉換也必須靠腰腿來牽動。即使在「中定」之全身不動時，亦能將支撐身體重心的下盤之兩腳的虛實靈活轉換。要化要接要發都能「聽任自由」。在虛實轉換一瞬間的運動過程中，由全虛轉換到全實的遞加或全實轉換全虛的遞減過程中均有一平衡點曰雙重，雙重祇是一個流動的點，稍縱即逝，而虛實分清時也祇是流動過程中的定勢與轉摺點，是片刻不停留的靜。如果祇停留在定勢，就無法輕靈，就是雙重，如此雙重才是病。

　　身法的虛實轉換則需靠腰胯，由兩腳之虛與實來引動腰胯。即變換虛實時，必須先把腰身束結起來。手法之虛實轉換，由下盤觸發引動八法，在變換虛實中，均須有掤勁，似鬆非鬆，將展未展，曲中求直，直中含曲。步法的虛實轉換在腳底，湧泉完全貼地，則腳底有根，步法就能運化自如。當感覺腳底似踩在一個水袋上，則能感受腳底一處有一處虛實，處處總此一虛實之妙境。

　　內氣的虛實轉換在丹田，就是腰間，所謂刻刻留心在腰間，留心什麼？當然是虛實，所以才會有轉換虛實須留「意」。留「心」又留「意」為了就是能氣沈丹田，能氣遍身軀不稍滯，能牽動往來氣貼背，然要如何做到呢？祇要能腹內鬆淨，這裡所指的腹內就是丹田，所以說，氣的

虛實變化能靈活，不論是接勁或化勁，只是著點的一鬆一沈，不用全身歪七扭八去走化，不需招架。以氣的鬆沈就可化去來力，甚至於讓對方彈跳出去。

把丹田想像為一顆皮球，如果這顆皮球沒了氣，還能彈跳滾動嗎？還有外張力與內聚力的牽動嗎？皮球的氣憋了，就祇能攤在地上，所以必須把氣灌足了，才有彈性，才能滾動，才能輕靈圓活，故「腹內鬆淨氣騰然，牽動往來氣貼背。」就是讓內氣滾動，由內動引領外動，內外虛實互換。

有學生問：「弓步是不是一定要前七後三。」我答曰：「前七後三，或前四後六，祇是兩腳虛實轉換過程中的一個定勢，重點應為中定，重心祇許放在全實腳上，重點在全實腳在完全鬆沈時，虛腳的自由變化，係自動地向前、向後、向左、向右，或打圓的變易（**栽根法**）。

楊澄甫祖師把這虛實互換比喻為水上踩葫蘆，這種比喻可能習者比較陌生。但在現實生活中，人們最熟悉的騎單車來解釋陰不離陽，陽不離陰，虛實轉換之奧祕，當兩腳虛實互換地踩腳踏板時，最能貼切地形容虛實互換的狀況，也最能避免學者踏入分清虛實的誤區。在騎單車時，當實腳往前往下踩時，虛腳必須含住腳踏板，這個含住腳踏板的動作就是「虛中留意」的道理。如果虛腳離開腳踏板，虛實轉換的過程就會有斷點、有挫力，單車前行就不流暢了❶。又在上坡段騎車時，由於舉步遲重，必須把變速檔轉換到較輕靈的檔次，以濟遲重之窮，而在下坡路段時就必須把變速檔轉換至較穩重的檔次，以阻輕浮之病，

此即陰陽相濟中之虛實轉換也。

故太極拳在行拳走架時，必須分清虛實，讓身體重心不斷在虛實之間流動（非移動），產生動盪與動能，此至要也。走行經步時，將兩腳意念貫注到湧泉，一腳實沈，另腳虛鬆，相互交換虛實。

練拳時，虛實分清，則變轉順利，如全身坐在右腿，則右腿為實，左腿為虛，以虛腳為進退，則便利從心矣。左手實則右手虛，虛者可漸變為實，亦可驟變為實，實者亦可漸變為虛，亦可瞬變為虛，此皆順乎自然而毫無絲毫刻意做作。可謂循環不已、捉摸不定也。

體驗走行勁步在操作分清虛實的過程，並不代表要一腳全虛，一腳全實。但又必須在全虛全實的動作中留住意念，才能舉動輕靈，這就是虛實轉變互為其根的道理。因為在虛實的轉換中，重心雖然在兩腿之間流動，但重心卻永遠向下，永遠在下方。譬如沈肩，就是用意念把肩膀的重心永遠向下，就不會有聳肩的動作。比如墜肘、垂肘，肘尖的意念須永遠向著地心引力的方向垂下、墜落（想像在肘尖處懸吊著一顆鉛錘）。一顆蘋果樹，花開蒂結，初期青澀的果實也許會有重心不夠沈重，果實無法向下的時候。但等到瓜熟蒂落，果實就會自然垂下了，甚至於整顆蘋果掉落到地上。

習練太極拳如果能建立將全身任何關節處的重心永遠向下，不與地心引力對抗的觀念，成就拳功就指日可待也。在操作墜肘，鬆肩不聳肩的功法上，我常常告訴學員「想像你的雙手，有如兩顆已熟透被採下的蘋果或西瓜，

掤在對方的手上，沈甸甸地，沈重無比。」

太極拳十要之重要要領為分清虛實。在盤拳時，如何從腳到頭，虛實分清，怎麼操作才算是虛實分清。或有人認為單腳踩地，另一腳能抬起來就是虛實分清，但卻忽略了最重要的身法，如果在實腳單腳踩地，提起虛腳時，是主動抬虛腿，造成上半身傾斜，這是人體的自然平衡反應，不算為虛實分清，就像滑冰舞者，一腳往後蹬時，上半身須前傾以保持身體的平衡，此雖可讓身體不致傾倒，但卻非太極拳虛實的功法。

實就是單腳立地，就是「全身負擔只許放在一隻腳上」的實，雖然虛腳不用負擔全身重量，但必須與實腳共同承擔「尾閭與夾脊得中」的中定責任（非平衡關係）。其轉變時，更要注意尾閭與夾脊得中，方為不失中定。此乃虛實轉換之重點。

常人兩腳虛實轉換，均以上半身平衡為之，當人要把兩腳分虛實時，乃源於人體重心不斷隨左右腳的移動而變轉。忽左忽右，身體欲保持平衡中正，上體挺直，下盤才不遲重。在虛實互換的過程中，必先扭動腰部，擺動其臀部，而至不得其中定，失其竅要。故宗師提醒習練者必須瞭解，「右手實勁交與左手，其樞機在夾脊，左腳實勁，交與右腳，其樞機在尾閭，但要尾閭與夾脊中正對直，方為不失中定[2]。」吾師將此要訣，簡明扼要為「兩手虛實轉換在夾脊，兩腳虛實轉換在尾閭」，一語道破變換虛實之樞機。如果學者能從騎單車[3]，水上踩葫蘆等體會其竅要，虛實轉換之「下手處」，就了然於胸矣。

　　必須認清的是實腳單腳立地。祇有鬆沈，虛腳就能輕靈地自動鬆化，做前伸、旁開、後點地，甚至於盤圓等動作，才能處處總此一虛實地把內勁貫注到不同側的指梢上，同時上半身必須垂脊正直，摺胯、豎脊樑、尾閭與夾脊得中對直，身體不能有左右晃動才算是虛實分清（行經步的功法）。兩腳或兩手有如天平兩邊的法碼座，天平之支點在中間，兩端必須有平衡關係，當兩端同時放上等重的法碼，兩邊都能上下擺動。上者為陰，下者為陽，上者為虛，下者為實。這天平的中心支點就是人體兩腳中心的尾閭，也是兩手中心的夾脊，是虛實轉換的總樞紐。

　　這是太極拳虛實之間的關係，如果把一邊的法碼拿掉，僅留單邊法碼，天平失去槓桿平衡，則僅單側有法碼是無法虛實轉換的。此為虛者恆虛，實者恆實，如此是無法體悟虛者全虛，實者全實的意境。

　　切記，分清虛實祇是形體與意念在運動過程中的定勢。就如盪鞦韆般，有向前短暫停留的定勢，與向後短暫停留的定勢，運動擺盪是由兩定勢交織轉換而成，向前向上擺盪的終點是為向下向後擺盪做準備，向後向上擺盪的終點也是為向下向前擺盪做準備，如此虛中有實，實中有虛，虛虛實實，實實虛虛，虛實互為其根。老子曰：「道之為物，唯恍唯惚，惚兮恍兮，其中有象，恍兮惚兮，其中有物，杳兮冥兮，其中有精。」故虛實總在恍惚杳冥之間也。

　　修練太極拳功法，在步法、身法、手法如能體會天平在虛實之間擺盪之陰陽相濟的道理，對於虛實轉換須留

意，將有進一步之體悟。所以身軀的虛實平衡反應與身法陰陽平衡是兩碼事，學太極拳必須認清兩者之間的差異，才能體悟虛實，分清虛實。

吾師將虛實轉換比喻為地球的轉動，正面向著太陽的半邊是實，是白天，背著太陽的半邊是虛，是黑夜，白天與黑夜是同時存在的，也是漸變的，更是隨時隨地在互換的，此即為陰陽相濟在太極拳虛實之間的道理。歌廳或夜總會吊在天花板的七彩旋轉燈，我們把有燈光投射喻為陽為實，把沒有燈光無法投射部分喻為陰為虛，去體會虛實如何漸變轉換。

在鄭宗師的自修新法要略篇有如下之陳述：「如無虛實，即無陰陽，無陰陽便非太極，如兩手必分陰陽，陰陽便是虛實，兩腳亦然，惟左手必與右腳相合，右手必與左腳相合，故係同一交叉神經耳。此為左右上下，手足之分虛實也。」

太極拳論云：「虛實宜分清，一處有一處虛實，處處總此一虛實，周身節節貫串，無令絲毫間斷耳。」可見虛實轉換並不僅僅在兩手與兩腳之間，全身內外、上下、左右，每一個細胞分子，均有虛與實的轉換問題。甚至於單腳立地時，均需分虛實，認清單腳內外、上下、左右之虛實轉換關係。比如把全身內氣形成一顆會膨脹伸縮的球體，當球體意念無限膨脹是開，體積變大，是動的開始。當動的結束時，球體是靜止的，體積漸漸縮小是合，是意念無限的內縮。故開合也是虛實的轉換，實是發，以自身為中心，讓內勁向外無限擴大是合勁。開勁，以著點為中

心，讓自身的空間向內無限擴大。所以，把心放下，心就空了，心空了，就是虛，虛就有無限量的空間，虛懷若谷就能裝下無限量的東西。

記得前幾年，中國大陸出產一種塑膠玩具「彩色甩球」，祇要甩動球體讓球滾動，其外形立即膨脹，但當這球體滾動速度變慢時，球體也隨之慢慢縮回原形，當球體完全靜止時，也是球體內縮的極限。這球體因動而膨脹，因靜而內縮，轉變是漸變，所以轉換虛實也是漸變，但卻必須相互留「意」，「轉換虛實須留意」也。虛須留實意，實須留虛意也。

十三勢歌訣有「變轉虛實須留意」，由以上之說明與舉例，學者是否已瞭解轉變虛實留「意」的真意？如以兩腳虛實轉換而言之，到底要把「意」留在哪隻腳上？

我常告誡學員，在站川字樁時，實腳鬆沈到腳底有接地之力，但虛腳的膝尖必須向前，所謂「實腳鬆沈虛腳提」，虛腳雖然非主重提起，但除了其膝尖必須向前方外，其腳底也必須似有被柏油黏住的意念。有抬不起來的感覺。這就是虛腳有實意的真諦，反之實腳也須留住一分虛意。在走行經步或栽根步時，實腳足心貼地，如貓匍匐前進，蓄勢捕鼠，向前邁出一步，全身關節鬆開，將重心沈到實腳腳底，虛腳輕提，往湧泉送勁，並在膝尖留下向前之意念。才能使整個間架不致散亂，也才能發出節節貫串的整勁。狐仙拜月的功法，把虛腳留實意，實腳留虛意發揮到了極致，習者應多體會之。

虛實分清對於健康的好處就是使骨質密實。當我們把

全身重量放在一腳時，此實腳的肌腱就必須以最大值來負擔全身的體重，無形中加強了此實腳肌腱的淬練，在無數次來回虛實轉換中，兩腳的肌腱不斷的拉伸強化，不僅使肌腱更具彈性，而強化的肌腱就能穩定實腳骨架，讓骨質密實，密實的骨架，在虛實轉換時更強化了骨骼的支撐力，這就是吾師「下實」的體現。

當全身重量落在實腳，引領人體的重心往實腳湧泉鬆沈，須具備全身的骨架垂正，才能讓身體不偏不倚，立身有軸。把全身重量落在湧泉上，就能平衡實腳肌腱的負重責任，此仍所謂中定也。

在《神遊太極》第一輯裡，我把這立身中正的中定的骨架形容為直立插在泥地上的竹竿，檢驗竹竿是否垂直佇立的方法是在竹竿上端綁了繩子，在繩子的下端綁顆石頭（猶如人體之重心），如果石頭能完全貼合竹竿，就代表竹竿是端正直立的。

我們把竹竿喻為骨架，骨架能垂正，依附在骨架四周的肌腱就不須部分負擔全身重量，而是整體平均負擔。如此長久的修練，骨架四周的肌腱就越來越鬆化，如果竹竿歪斜了，立身不得中正，重心偏斜到一邊（石頭離開竹竿）不僅容易傾倒，且另一側的肌腱必須單獨承擔全身重量，重心失穩，身心失之中定，如何能鬆。

在推手時，更需瞭解「左重則左虛，右重則右杳」的要義。初學者一定要充分瞭解左右手、左右腳、左右胯的相互關係。祝大彤大師認為左重是左邊受到重力攻擊，攻何處何處輕，以無待之，所謂實來虛應，以著點來論，並

121

沒有錯。然身軀是整個陰陽之體，有虛實，才非雙重，著
點以外，如何因應呢？一般常人，如左胸受到攻擊，以力
還之，是習慣的思維。然修練太極拳者必須時時記住以虛
待之的重要性。捨去常人思維，絕不能以力堵力，但左腳
則須以「實」應之，才能保持立身中正而有軸，才能陰陽
相濟且虛實相間，此為交叉神經之傳導原理。虛實點中求
即虛實轉換祇在一點之間，微如毫芒。同時，右手也才能
隨腰轉而合之。此即以手來論，左虛右實。以腳來論，左
實右虛，呈互相對應之勢。

　　在推手的應用與表現上，當然以中定為首要，唯有中
定才有支點，才能不偏不倚，立身有軸，磨轉心不轉。然
後才是內勁與肢體的表現。所謂「荷葉羅裙一色裁，芙蓉
向臉兩面開」。「手是兩扇門，全靠腰打人」，要能以腰
打人，上下之勁必須能貫串，兩手左開右合，右開左合之
勁也必須能貫串。才能虛實轉換，引勁落空，虛實合一，
才能以虛化之，以實擊之，全在內外虛實互換間。十三勢
行功心解云「意氣須換得靈，乃有圓活之趣，所謂轉變虛
實也。」真妙喻也。

　　總之，虛實能圓活運用，虛中含實，實中有虛，接
勁，化勁才是太極拳的精髓與特色。所謂內動外不動，不
主動攻擊，就在虛實之間也，防禦工事做得好，何患攻
擊，昔朱元璋問佛性天下大事，佛性大師以：「廣積糧，
築高牆，緩稱王。」為贈言，終成就大明基業，學者可由
此悟之。❹

【註】

❶騎單車時，當兩腳踩在腳踏板上，右腳往下踩時，左腳底必須含住左踏板，不可離開，且絲毫不可有任何下踩的力量，否則轉換踩踏時，將產生挫力與斷點。左腳往下踩時，右腳亦然。

❷鄭宗師：後記：「生理學所謂人體重心，在腰線間，其地位及意義，正與丹田相同，重心亦即太極拳所謂中定，中定不能離乎丹田，拳論所謂時時留心在腰際，又云主宰於腰，腰為軸皆是也，換言之，太極拳亦可謂之為注重人體重心之運動。」拳論所謂立如平準及支撐八面，中正安舒，不偏不倚等語，皆言力求平正，不失重心也。

❸尾閭必須中定來主導腰身，腰身就像連結單車兩端腳踏板的中心軸，是固定在單車的車架上，由兩端虛實轉換帶動中心軸轉動。兩端踏板是虛實轉換，不同的是人體尾閭不動，以腰為主，以腰牽動兩胯的開與合，虛與實，再以意念主導內氣帶動兩腳之虛實轉換，此曰：「牽動往來氣貼背」，故兩腳的虛實轉換不在腳，而在尾閭。

❹曩昔朱元璋取得金陵後，回小時候呆過的廣元寺，向佛性大師問天下事。佛性以「廣積糧，築高牆，緩稱王」贈言。所謂廣積糧者，厚築實力，築基之功也。築高牆者，守住自己疆土，中土不離位也。緩稱王者，不主動攻擊，捨己從人，力不出尖也。

動靜之機

　　吾師曰：「無論攻防，務必體動，沈著，鬆靜，並須靜以待動，隨順應變，但不可自作主張。」

　　又曰：「左右、前後、上下、都是『意』，均要從人不從己，所謂彼不動，我不動，彼微動，我先動。」

　　由上述吾師之要訣得知，太極拳之主旨在體動，非手動，在以靜待動，以靜制動，不主動。在隨順應變，不擅動，是意動。拳訣所謂，太極拳不動手，動手非太極。即吾師之另一銘言，「以體帶動手、足、眼、神，而以平正、均勻，分虛實，如右足為軸，左足移出，使右足絲毫不可動搖。」（太虛步）

　　從師學拳，吾師常提醒「必須認清動靜、虛實、開合。切記，一動無有不動，一靜無有不靜的真諦。尤須注意其根在腳，全身重量祇許放在一隻腳上，主宰於腰。」要把意氣從下到上練到每個關節上，配合呼吸發聲發氣。技擊上，也講動靜、剛柔、開合。這是太極拳的基本精神。

　　靜者，動之伏機也。乃人體於高度聚神，鎮靜自如而能隨時依外界資訊做出隨「意」反應者。如蟒蛇，捲曲而不動守株待兔，然一旦獵物靠近，即以迅雷不及掩耳之速度直撲獵物。此乃因靜極則生動極之實例。內動外不

124

動者，如看似平靜無波的河水，表面雖得特別平靜，清風徐來，水波不興。然河底確可能暗藏漩渦或洶湧澎湃的伏流。蓄勁如張弓，靜也，動之伏機。發勁如放箭，動也，靜之勢機也。故以心行氣，靜之因也，以氣運身，動之因也。人之作為，有動必有靜，靜極必生動，動靜相因，陰陽相濟，渾然一太極。當箭在弦上，張滿弓弦，乃動靜之機也，動靜之機在收放自如，在靜中觸動動猶靜也。

「蓄勁如張弓，發勁如放箭上，蓄勁，既動之伏機，發勁，既靜之勢機也。」弓在靜止時一動也不動，當使弓者拿起弓，將箭上弦後，瞄準目標之際也是靜止的，但當使弓者將箭羽往後拉時即為對拉的動是動之始，是一點動，整支弓全動。而且形成前後相對的拉力（張力），弓與弦的兩接點形成上下相合（合力）的狀態，當使弓者把弓張滿後就形成一個整勁，蓄勢待發的箭與弓的張合，在此靜止狀態。即是蓄勁如張弓是動之伏機。而放箭祇是將蓄滿勁力之弓與箭，剎那間放出的結果是靜之勢機。勁源來自於整個弓弦的張力與合力，而不在箭本身。由此來瞭解，領悟發勁，將更有助於學者的省思。勁源來自身體的整勁，勁整則全身無缺陷，無斷續，無凹凸。且必須在極靜中，唯有如此才不會有斷勁之虞，才能貫串整勁。

發勁由丹田發出，由湧泉接地，然要節節貫串，間架要整，初級層次的發勁，就如撐桿跳的桿子，當撐桿者往前衝刺，以撐桿頂地之剎那，桿之另一端將人彈起而越過橫桿。是桿子彈力的作用。才能藉由你的身體重心來迴盪下沈，且輕鬆地吸納來自對方的攻擊力量。高層次的內勁

則如輪胎打氣筒,由丹田發勁,係內氣形成內勁源源不斷由丹田湧出。所謂大水沖倒龍王廟是矣!

外家拳之動,直來直來而力顯。太極拳則強調弧形運動而力隱。吾師謂此為文火,重內修,行拳以神行,全身鬆透為主。故拳論云:「太極者,無極而生,動靜之機,陰陽之母也,動之則分,靜之則合。」動分陰陽,靜合陰陽,此所謂「二氣分陰陽,陰靜陽動,陰息陽生也。」當二氣相交時為合,則內斂其神,外聚其氣,拳未到意先到,拳不到而意亦到也。

外動內不動者,如人坐在轎車內,汽車行駛在路上,汽車是動,而裡面的人則為不動也。外動內亦動者,如人騎單車,單車的動,必須由人踩動。此兩者均會產生動的慣性,曰內外皆動。以人坐轎車喻太極拳之外動內不動。以騎單車圓之滾動,喻一動全動,內外皆動是非常貼切的。

雖然兩者的動有所不同,但卻有一共同點,既動則分陰陽與虛實。不動陰陽與虛實亦同時存在。動分陰陽,靜則合陰陽,陰陽既虛實也。譬如椿功之護心椿勢,身體下坐時,兩手撐圓合抱向前伸。身體下坐之意與兩手合抱之意呈互相對拉,此既陰陽分也。譬如雲手,當兩手左右合抱在身側之定勢前,必須有兩手之合勁,此曰靜之則合也。故曰:「動是絕對的,靜止不動是相對的。形體之不動僅是表象,其實體內的虛實轉換已進行了多次之交換,而外人不知也。」

另有內外皆動如球體之滾動,如地球之運行然。此動

者恒動，靜者恒靜也。我們舉地球之運行為例。地球永遠繞著太陽做自轉與公轉之運動。公轉比如行拳走架，自轉則如內氣之運行。此均為弧形之運動。

太極拳之推手如果懂得弧形運動之禪機。可在對方攻我手臂時，接住對方的手而不掛力。外形看不出有閃躲或走化等動作，身體雖靜靜地站在原地不動，然內勁已透過著點，柔化了對方之勁力，鬆沈轉，一次到位。如對方攻我身體的上胸部，我可以「定沈轉」帶動著點之掤捋按，使對方失勢。

定沈轉、鬆沈轉，已然在微動中瞬間解決對方來勁。此乃太極拳動靜、開合、陰陽、平衡與對稱的絕妙處。形體動靜之機，已然在虛實轉換中產生動能而不動聲色。故曰：「彼以剛為用，我以柔化之，彼以動為攻，我以靜待之，柔靜之極是為陰極，當陽極遇陰極，未有不敗也。」此既老子所謂柔弱勝剛強，亦即老子「所謂專氣至柔能嬰兒乎」之理體也。

太極拳之動，十三勢八法五步之運動也。八法者，上體之動也。五步者，下盤之動也。勁者，體勢之動也。所謂掤勁不丟，常有習者誤以為將小臂擱在自己胸前，就是丟了掤勁，殊不知高層次的掤勁，就算把小臂擱在自己身上，掤勁還不會消失。

貫穿十三勢行功心解之精義，乃在闡明太極拳動靜之機也，其全篇主軸在動與靜。譬如，以心行氣，務令沈著，內動也。以氣運身，務令順遂，形動也。收斂入骨，內剛也，便利從心，外柔也。此短短數語，已道盡太極拳

陰陽相濟，外柔內剛，靜以養氣，動以養形之真諦。

所謂形、神、靜、動、蓄、發、曲、直、步、身、收、放、斷、連、往復、摺疊、進退、轉換、開展、緊湊，先在心，後在身等，均為動靜之機，讀者可細嚼慢嚥之，滋味無窮也。

老子專氣至柔能嬰兒乎，嬰兒之動，均來自人類原始本能，也是生理學上人體結構最自然之動能，此動能曰體勢。修練太極拳就是要找回人類原始體勢，再次形成記憶變成習慣，自然地反射在日常生活所有的動作中，故太極拳動靜之機在「內外體勢均繫，內外體勢均能與大地融合。」

運動的原理就是物體動靜之轉換。動者必與地心引力相抗衡，靜者，必須順從地心引力。太極拳反其道而行，就是追求不與地心引力相對抗。動中求靜，把全身的所有細胞分子都交給地心引力。才是全然的放鬆，如一串20公斤的鐵鍊，攤在地上，必須用數倍的力量才能把它提離地面，但等重的鐵棍則很輕易就能提起，關鍵就在鐵鍊每一分子都不與地心引力相對抗。

物體乃不同物質所組成，物質有三態，固態、液態、氣態。固態分子密度緊實，人體躺在上面具支撐力，液態，分子密度鬆散，可游動，且具浮力。人體放鬆時，亦可浮於水面上。氣態物質，想像人體能如飛鳥般浮在空氣中，練就我身如浮在空氣中的球體，則任它巨力來推我，則能牽動四兩撥千斤也。此即借我身不與地心引力相抗，乃借物質浮力之靜中求動也。

對養生健康而言，養靜為攝生首務，心不可無所用，非必如槁木，如死灰，方為養生之道，靜時固戒動，動時不妄動，亦靜也。坐是以靜求靜。行是以動求靜。太極拳者「其靜如動，其動如靜，動靜循環，相連不斷，則二氣既交而太極之象成」。

　　故動之體者，動能使血脈流通，消化機能增強，養生常欲小勞。太極拳以緩動，流暢行拳。故筋骸血脈不凝滯，筋舒而四肢健，所謂懶步則筋攣，久坐則絡脈滯也。

　　古之導引術曾謂：「導引者，動也，用精。靜者，不動也，用炁，入定者，靜極也，用神。」練武通脈仍用精氣合再漸至精炁神三者合一，所謂內斂其神，外聚其氣，拳未到而意先到，拳不到而意亦到，意者，神之使也，神氣既交，陰陽相濟，則太極之位定，其象既成，其位既定，其氣既聚，其神既斂，則意不外馳，而達形神俱妙之境界。

　　拳論云：「一舉動，周身俱要輕靈。」舉動輕靈是修練太極拳的目的。其反面是身滯呆像。拳論云：「有不得機得勢處，身便散亂，其病必於腰腿求之，上下前後左右皆然。」舉動不輕靈，難以支撐八面，難有圓活之趣，問題出在哪裡？在向前退後不得機得勢。在腰腿呆滯步不穩實。在周身上下不協調，在肩緊肘翻腕有力，在無法束腰定膝，在周身帶力練拳。在不知陰陽運化，在不懂動靜虛實轉換。故行拳之動時，要退去本力、拙力，用意不用力。以鬆、柔、圓、輕，緩來行拳，放慢腳步練拳。以輕鬆，緩慢、虛實、平心靜氣來走架，身心將會有奇妙

129

的變化。舉動輕靈在體內，體內起變化之後，「功到自然成」。慢慢退去本力，內功也將悄悄上身。全身有了身輕如燕，健步如飛的快感。

故十三勢歌云：「腹內鬆淨氣騰然，滿身輕利頂頭懸」，舉動輕靈於外，腹內鬆淨於內也。

動靜之「用」在不頂不丟，在捨己從人。「丟是真斷，頂是抗勁，皆與黏隨相背。」故言太極拳者，非主動之拳也，乃被動之拳也。

吾師曰：「無論攻防掤勁不丟，務必體動，沈著，鬆淨，並須靜以待動，但不可自作主張」。又云：「左右前後上下一切都是意，均要從敵不從己，切勿自作主張。」不自作主張即不妄動也。

動靜相兼者：動與靜同時兼備，相互結合，肢體不動，是為外形的靜與大腦的靜。由於姿勢與角度的作用，自然地促使四肢之骨骼肌產生生生不息的動，而逐漸地提高生理功能之動。

以靜待動者，如對方以實擊我，我不宜冒進，必須探之其勁，是否有伸縮之餘地，以免給對方可乘之機。必須在對方力點逼近時，以實來虛應之勢，逆來順受地將對方引進我之攻擊圈內，再發勁取勝之。故曰捨己從人，不以先下手為強乃靠靈敏的聽勁功夫，以靜待動，來探索對方之力向，後發先至。此法要求極度鬆靜，才能知己知彼。

太極拳是修命又修性的功夫，修心養性，把心靜下來，就不會心煩意亂，就能冷靜處理各種機勢，王陽明：「寧靜以致遠，淡泊以明志，格物致知。」正符合太極拳

的理論基礎。

　　所謂心為令，氣為旗，神為主帥，身為驅使。手為橋樑，這就是內外皆靜的指導原則，練武的人最重要的一條是先修武德。心不善良，火氣往上衝，氣沈不下來。心上浮，腳下無根基，別人動一下，你就站不穩，最容易被人打倒，此浮動乃太極拳「動之大忌」。如果能充分體悟心靜自然涼之契機。就不會有心浮氣躁等浮動之舉動。

談　勁

　　吾師曰：「何謂勁，勁是機動的，是富有彈性的，勁可藉由意念的引導與驅使而瞬間反應。可大可小，可長可短，要深要淺，皆能隨心所欲，勁是心念的內動，由意念引導，經筋骨皮傳導而形之於外，其勁道集中而紮實，迅猛而靈敏。更是迅雷不及掩耳，一發不可收拾。」

一、勁的原理

　　武術有句俗語曰：「內練精氣神，外練筋骨皮。」筋骨皮是人體的主要支撐構件。勁的傳達主要構件有腳、小腿、大腿、軀體（胯、腰與兩肩）大臂、小臂和手。頭則起到提綱契領的作用。而人體各關節的活動由大腦控制，大腦乃人之自控中樞。頭的連接點為頸關節、肩關節、肘關節、腕關節、髖關節、膝關節、踝關節，胸脊關節、腰脊關節等合稱九大關節。要能成為整體勁，節節貫串，關鍵在人體大腦意念的自控能力，這也是太極拳內勁的產生的理論基礎。內勁是太極拳的內涵，沒有內勁的太極拳祇是空殼子罷了。

　　在人欲推動物體的意念產生前，各關節是各自為政的活節。此時全身的關節是獨立的，猶如被吊在戲幕前的傀儡人偶之關節，是不固定連結的，是各管各的，是獨立活

動的。物體未被推動前，肌筋腱緊繃處於預備用力態，接
觸被推物的霎那間，相對關節均即時貫串起來，處於固定
連結的整體狀態。就像在兩段骨骼的連接處上了螺絲般固
定起來了，整體力將人體與被推物連結成一整體準動力
態。

移動物體的力點，源於人體足面的作用力與地面的反
作用力相抗拮，整體力點的強度則取決於各關節連接點的
強度，而連接點的強度取決於肌、筋、骨修練的強度。其
反作用力通過足、踝、小腿、膝、大腿、髖關節、軀體、
肩、大臂、肘、小臂、腕、手之骨節與肌筋腱形成一整體
功勁。將其最大值的動能，傳導並作用於被推動的物體
上。此時之肌肉的肌力處於緊張的最大值，而當物體被推
動呈動勢時，肌肉的作用力瞬間由爆發轉為與骨骼形成反
向力，這就是肌肉的作用力與骨骼的反作用力產生勁力的
基本要件。故以肌肉力學論，人體的勁是由肌肉拉伸、收
縮的作用力與骨骼的反作用力所產生的。人體給地面作用
力，地面給人體反作用力，在正反兩作用力的作用下，人
體產生了勁力，才能將外來的物體推動。

在太極拳的行拳走架時，其運動所產生的動勢，如果
是由內氣帶動骨關節的彎曲與肌肉之伸縮。肌腱瞬間伸縮
的動能是來自於丹田氣，由丹田氣摧動全身血液集中於一
點所產生的勁為內勁。

內勁的產生單靠血液的集中不足以成事，比如用氣球
灌水就如血管裡祇有水，沒有氣，無法產生動能，必須賦
予真氣摧動血液，在血管裡呈螺旋狀前進，才能產生內

勁。如槍膛內必須有來福線，讓子彈產生旋轉力，才能產生筆直且強有力的子彈徑道。此動能透過肢體的傳遞而作用於對方，使對方失去平衡而產生運動，此運動能既稱「內勁之發力」。當力蘊之於內而未發則謂之蓄勁。故太極拳祇有肌肉伸縮，沒有骨節彎曲的問題。祇有意念引導內氣的問題，沒有形體用力的問題。

　　吾師之達摩迎風功法所產生內勁為螺旋勁，勁出有如子彈出膛，隨著膛內來福線之旋轉，螺旋勁如海浪般一波波地往對方身上湧，即為纏絲勁。纏絲勁亦如蛇纏身般，對方感覺不到一點力點，但卻能感受那如泰山壓頂似的壓迫感，而無法逃避。

　　太極拳內勁，乃因丹田氣作用於肌筋與骨骼所產生。內勁即源於內氣。拳論云：「發勁如放箭」，弓箭離弦而出，源於弓弦之伸縮。小時候，以自製彈弓打鳥，亦源於橡皮筋之對拉伸縮將小石子放出。對方就像小石頭般在不知不覺中被提放拋出，勁似彈弓含石遠放，是筋伸縮的作用力與反作用力將彈石由放點彈出，不痛不癢，即疾又快，才算是真太極內勁。設如對方是一顆撞球，以球桿擊之，力在桿端，擊點甚痛此非太極勁也。故汽車撞人，非內勁也。撞球時之球桿擊球，非內勁也。推手時離手打人非太極勁也。

　　內勁是經由長時間的鍛鍊，站樁、拳架、基本功及正確的養氣累積而成，讓沈潛於筋脈之中的一股無形動能激發出來。它能隨時經由意念的引導觸動而爆發。令人驚心動魄。內勁的爆發純由專氣與意念，不需距離加速度，卻

能準確地製造距離與速度，並快速地滲入對方骨裡，而達到技擊效果。

　　有內勁的兩臂在鬆透後是沈甸甸的，兩手有往下沈墜之感，兩肩似已斷，兩手如千斤墜般。成就內勁者，有所謂「臂如柳條，掌似錘。」這是透過內氣的修養，讓氣歛入骨，沈於兩胯進而氣沈丹田，達乎兩足湧泉入地生根的結果。層次高者，兩腳湧泉似踩在兩顆灌滿水的氣球上，下盤沈穩，然步履輕靈，虛實變化裕如。

　　敷蓋對吞等四法是講氣勢的，一出手就讓人動彈不得，用此法與人推手，任他怎麼打也打不進去。此法分單手敷貼，雙手敷貼，祇要手輕輕往對方胸口一敷，對方即動彈不得，且讓對方感覺如蛇纏身般窒息，兩腳不由自主地浮動起來。

　　鄭宗師曰：「發勁，則必於人身整個重心中，覓得一線之勁，即如球體之物理上用力方面，須通過中心之直線前進，則球體不及旋轉，勢必如放箭及子彈之能穿過之類，此既太極拳發勁之原則。若令高躍或平躍而出，以及下跌，皆視其直線之所在，此即太極拳發勁之原則，應心而發，未有不得手者。吾師澄甫，每每告余曰，發勁須找到一直線，方可發，發時如放箭似的，是言已窮發勁之能事。惟此直線其理易明，欲用之者，然非參透及經驗者，未易得心，學者須於此處著力勉之。」

　　整勁使渾身氣力均整，關節靈活，筋肉收斂，骨骼支撐，然後力量自然應運外發。動時慢優於快，緩勝於急，更須意不使斷，靈不使散，動一處牽全身，所謂動無不動

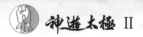

也。習拳能達此地步，全身力一，自然動靜守中，氣力均整，關節靈活，筋骨收斂，骨骼支撐，冠以整勁二字，係說明四種作用同時並具於一身，互為關係是一整個作用，不得分開。

二、懂勁　聽勁

當明白太極內勁產生之原理，修練懂勁、聽勁就能制敵機先。隨心所欲，引進落空合即出（或云引勁落空合即出），接引對方的勁點使其勁落空，再合我勁，將對方發出，但如果對方不給勁，無力點或我未懂勁，無法聽知對方之勁向，如何借其勁，引其勁，使其落空。捨己從人，必須對方給，我才能捨，才能從。太極拳講求的是不傷人的內勁，是訓練內部空間的勁，發勁由知勁、懂勁始，能懂才能聽，能聽才能化與發。

十三勢行功心解曰：「彼不動，我不動，彼微動，我先動。」此重點在「先」也，所謂後發「先」至，即不採取主動，又要搶敵機「先」，然既不主動，那來個「先」字。種種疑惑，必然困惑大多數的修練太極拳者。欲追其究竟，聽勁，懂勁而已。

徐震先賢曰：「隨感而應，不假思慮，如縱步坦途而不顛頓，如飛塵至目而睫自閉，操之熟驗之久，因勢避就，從人捨己，雖後亦先矣。」李亦畬大師在「身靈」功法中云：「從人不從己，由己仍是從人。由己則滯，從人則活，能從人，手上便有分寸。」

說明白一點，練太極拳推手，欲後發先至，從人不從

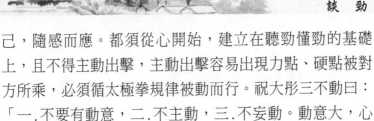

己，隨感而應。都須從心開始，建立在聽勁懂勁的基礎上，且不得主動出擊，主動出擊容易出現力點、硬點被對方所乘，必須循太極拳規律被動而行。祝大彤三不動曰：「一.不要有動意，二.不主動，三.不妄動。動意大，心神和軀體便僵緊。」

吾師常說：「上虛、中靈、下實。」上虛者，空也，下實者，固也，定也，中靈者，運轉自如也。不主動、不妄動，前進、下坐，陰陽轉換是步隨身換，是感而後發，是腰帶手動，手不主動。在潛意識和意念中，身體都不可有前進和後退的念頭。在推手時，只要把握動分虛實，陰陽轉換，舉動輕靈之原則，遇對方來力，則不管長手或短手（弓步時，右腿在後，右手為短手，左手為長手），均不妄動其身，不搖頭晃腦，不閃腰挪胯，謹遵先賢古訓「處處虛、處處實。」

故推手各家所爭者，得時之「先」，得勢之「先」，更顯太極之妙用，不爭先而蘄隨時，不爭勢而蘄隨方，能隨則無時非「先」，無方不順矣。

太極拳論云：「彼力尚未及我身，我意已入彼骨裡。」與對方推手應對時，我與對方之著點，在對方之力尚未出，我即用「意」滲入到對方的骨裡，此「滲透」也，如水滲入海綿，係用「意」引自身之「氣」入彼之軀，所謂「意之所至，氣亦至焉」，既能滲透入彼之軀體，則「聽」「審」在我，自可順其勢而發化之。此實際上是為意之搶位，搶佔先機也。用意不用力，搶得先機，使對方難以察覺我已入侵，對方不知我之虛實動靜，自然

受制於我。

三、懂勁從知鬆入手

在我的學生群中很多位都已練了十幾年的太極拳。但當我教他們單推四手時，初次接觸他們的雙手感覺他們的手是輕飄飄、軟綿綿的，動作是遲滯的，關節更是各自為政，離離落落（台語）。我很直接了當的告訴他們：「這不是鬆，是軟，是雙重，在你們心中也許認為是鬆，其實這是假鬆，真鬆是需有掤勁，有沾黏勁。」如果長持以往把軟誤當鬆練，將離太極拳越來越遠，故練太極拳的初步之要就是了解何謂真鬆，何謂假鬆。

就如鄭宗師在其自修新法所言：「一夕乎夢覺兩臂已斷，醒驚試之，恍然悟得鬆境，其兩臂所繫之筋絡正猶玩具之洋娃娃手臂關節賴一鬆緊帶之維繫，得已轉捩如意，然其兩臂若不覺已斷，惡得知其鬆也。」

真鬆係經由副交感神經的主導，以降低腦中之各項思維，用身體去感知感受，如果身體放鬆了，感覺雙手是沉甸甸的，腳底板也愈來愈重，身體的氣感也愈來愈強。

四、掤勁要似撐非撐

在談到勁時，太極八法掤捋擠按，採挒肘靠為何把掤排在首位？先賢們常說：「掤乃八法之首，為萬勁之母。」其他七法均須有掤勁，太極體才能上身。修練太極拳者未練成掤勁或無法體悟掤勁，充其量盤架祇能說是太極操，空架子罷了。

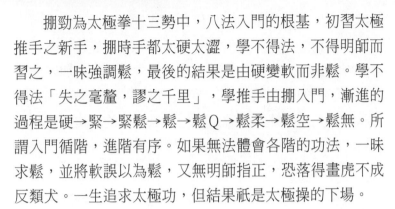

　　掤勁為太極拳十三勢中，八法入門的根基，初習太極推手之新手，掤時手都太硬太澀，學不得法，不得明師而習之，一昧強調鬆，最後的結果是由硬變軟而非鬆。學不得法「失之毫釐，謬之千里」，學推手由掤入門，漸進的過程是硬→緊→緊鬆→鬆→鬆Q→鬆柔→鬆空→鬆無。所謂入門循階，進階有序。如果無法體會各階的功法，一昧求鬆，並將軟誤以為鬆，又無明師指正，恐落得畫虎不成反類犬。一生追求太極功，但結果祇是太極操的下場。

　　吾師常說：「鬆要有柔勁，掤手是陰手，不能用力，不能掤到別人身上去。」掤是防護，是在我們身體加了一層防護罩，是刺候，是敵人有風吹草動，我們馬上能探知敵情的勁道，如果掤到別人身上就超出自己的防護範圍，就容易失勢。

　　掤勁即是八法之源，也是其他勁法的基本功，故掤勁是太極拳之源，八法中每勢均須有掤勁，沒有掤勁的身體就像瘟了氣的氣球。身體有了掤勁的感覺是把心放下後，腳底板完全貼地，一股氣流由腳底直沖雙掌勞宮穴、腦門，全身有脹麻感。俱此築基功法，則其他勁法自然上身。

　　鄭師爺特別在別程式二階三級有如下之描述，「氣達乎四肢，氣沈丹田後，似可由心驅遣，便使氣至胯至膝至踵，此即所謂至人之息以踵，復至肩至肘至腕，四肢關節俱開，然後下可達乎湧泉，上可行乎勞宮穴以止於中指尖，則拳論所謂以心行氣，以氣運身，可以從事矣。」

　　吾師在太極拳推手實用經驗談告訴我們：「於內勁八

法運用中均須略帶掤勁，促使黏勁致無斷續，乃能聽變，方顯得黏勁之功用。」君不見洩了氣的充氣娃娃，當吾人慢慢用唧筒充氣，當空氣充滿它的體內時，身體與四肢就鼓起來了，頭也頂起來了，手也上提了，以人體之掤勁喻充滿氣之充氣娃娃，這就是太極內氣掤勁的最佳比喻。故我說：「掤勁何所似，體會充氣娃娃的原理，用於修練內氣，則近道不遠矣。」

掤是八法之本，掤勁不撐，餘勁皆弗論，撐非硬頂，猶如胡琴，提琴的弦，兩端必須緊緊拉撐，撥指彈琴才能產生聲的共振。掤勁之撐猶如掛在魚線上的浮標，當魚兒吃餌，把浮標往下拉，但當魚兒放掉餌，水的浮力馬上讓浮標上浮。

鄭宗師的座右銘：「手容恭，足容重，要撐要撐直脊樑。」以身體而言，頭頂青天，腳踏綠地，頂天立地此曰對拉拔長，拳架推手何嘗不是如此。故掤勁絕對不祇在手，全身均須有掤勁，重點在身體是否有承天之氣，接地之力，是否有貫串，完整一氣。做到上虛，中靈，下實，無使有缺陷、凹凸、斷續處。

故在承受對方來擊時，全身的掤勁形成一個防護網，所以掤勁要撐，如果掤到別人身上去，就失之中定，就暴露了自己的意圖，容易被聽勁靈敏的對方順勢發化。

撐就像張滿弦的弓弦，兩端對拉拔長，弓箭才射得準，射得遠。當對方按過來，有了撐的掤勁，才能製造內部發化拿打的蓄力空間。猶如弓弦與弓背之間的內部空間要張滿，外部空間才能大，才能保留迂迴外部的空間，

這空間的定義是在於全身自然鬆開，內氣充滿的撐，有如一顆灌滿氣的皮球，但勁不可像木球或鐵球毫無內化的空間，它的內化空間能吸納任何外來的力，隨力而接，撐而不洩，隨勢反彈或鬆沈，此即為圓活之趣。

掤勁不是靠肌筋腱的伸縮或關節的曲伸，此種運動方法稱等張運動，非太極拳之內勁。內勁是透過肌筋腱的傳達，行諸於彼身，外形是沒動靜的，此所謂內動外不動。因為內勁的提放祇有一沒有二，有如現在的LED燈管，開關一開，燈馬上就亮了。而力則靠肌腱與關節的曲伸，則有如舊式的日光燈，必須靠安定器的轉換，當開關打開時須經安定器的轉換才到燈管，安定器是一，燈管是二，慢了。

拳論云：「行氣如九曲珠，牽動往來氣貼背。」如果掤勁無撐，則為懈。就像彈性疲乏的彈簧被按到底後就無法反彈恢復原形，無法承受對方的進擊。或像洩了氣的皮球，失去反彈之力，同時也失去轉緩的空間。

皮球洩氣了，怎麼可能在地上滾，怎麼可能有反彈力，全身失之中正安舒，腰軸無法中定，給對方製造了可進擊的空間和機會。

吾師常說：「何謂撐，撐與掤是多面向的，是三度空間的思維，與鬆沈是一體的兩面，是同時並存的體悟，瞭解撐非頂。由此，也就知道承天之氣，接地之力，壽人以柔的真正意義。」

撐，絕不是硬頂而是四面八方，對拔拉長，有如煙火開花，原子彈爆炸。有如一顆大樹，根往下栽，葉往上並

向四面八方萌長。是湧泉平貼地面,意念向下,是豎脊
樑,是虛靈頂勁,眼神平視,收下顎,立身中正。撐時全
身有如一個空隧道,氣行無阻,腹腔配合呼吸,虛其心,
實其腹。化勁時,吸氣要覺胸中有如大黑洞,鬆淨鬆持。
發勁時,呼氣要覺腹內充實,濁降清升。撐,有如石頭投
入池裡興起的水波,陣陣漣漪向四周散開。當遇到岸邊,
又往中心聚合回來。

　　表現在動作上,撐有如在水面撐竹筏,竹桿往後撐,
竹筏就向前行。如撐竿跳,竹桿撐地所形成的接地之力,
而人的重力受地心引力的牽引往下墜,再利用竹桿與地面
所產生的反彈力向上彈。撐時,夾脊要開,肩要放,收小
腹,肘要定,臂要橫,腕要鬆,指要靈,所謂沈肩墜肘鬆
腕節也。

　　在推手的習練場,吾師常說:「推手不要拉扯硬頂,
要注意接好對方的勁,兩勁相接,頂是相對的,有度的。
自己的意識要用在與對方相接處,但力要遠離接觸點隱藏
在體內,然後用心去感知感受對方的力點。接勁時,要守
住自己的疆土,不丟不頂,要用腳的鬆沈勁,以腰腿轉化
對方來勁,這是勁的本,力的源,運化的所在。這就叫
『一寸勁,力無窮,一尺八,強弩未。』如果推手的著點
過於軟,就守不住自己的疆土,也接不住對方的勁,就會
該開不開,該合不合,該虛不虛,該實不實。如果著點過
於硬,就會造成兩力相頂,大力勝小力,聽化不靈,就會
黏走不順。這是雙重之病,患雙重之病就必為人所制。」

五、有掤勁才能接

　　接勁的至高功法為「中土不離位」，當對方右手推你左肩時，虛左肩，重心落左腳，腰胯隨順向下鬆沈。從左腳之湧泉到踝、膝、胯、左肩至泥丸，是一垂直線。此時左胯祇能隨勢鬆沉轉，千萬不能移位，必須守住胯不能離開垂直線上，只能鬆沉轉，所謂磨轉心不轉者。亦如陀螺的中心線般，此即「中土不離位，重心不出尖」。即為「中定」。反之，對方以左手攻你右肩亦然。

　　或如對方以左手攻你右胸，你仍應以右實腳為中心，虛右肩化之。千萬不可以右實肩頂之，如果身軀向左轉胯就會形成頂抗，對方剛好可順勢擊之。如以右手虛，右實腳鬆沈接勁，再轉腰向右後方化之，再輔以左手實勁順勢發之，對方肯定失勢。反手亦然，隨順而為，千萬不要自作主張。

　　接勁最難者，係對方攻擊你的正中線，此非功力之深，則無法應付矣，此正如師爺所提「易之坎陷」。所謂「適受無左右上下偏重之外力，正面攻陷，在太極拳正利用其猛襲攻陷」，此即易所謂坎陷，為最險之卦，亦即以太極名拳之第一義也，其意將攻陷之外力，使其落空，敵知己落空陷中，非即反身逃遁不可，際其欲抽身時，既以我之腹部吸力，一變而為攻發之力，此既拳論所謂提放，先提再放，既發也，此腰上下轉圓之原理也。則敵不及措手，已彈出於尋丈之外矣。

　　白鶴拳亦有「肩力為無力之力，順腰馬之勢，借由地

根力，傳導於肩，發於指，肩力切不可有頂力，久練肩鬆，軟硬拿捏發力即產生順力。」

鄭宗師曰：「太極拳之所以過人者，無他，惟有一接勁而已。」然何謂接勁乎？「如球來似能吸住而復擲出，乃為接勁」或云：「以我勁接入彼勁，使彼勁浮而我勁倍增。」

憶國小時，參加接力賽跑比賽，當前棒將抵達前，下一棒必先緩跑接棒，如接棒者站立原地不動接棒，可能在接棒的剎那間被甩出跌倒，此所謂速度加重力者謂。推手時，如對方來勁，你以身軀硬頂，除非你肌力噸位大於對方，否則勢必向後傾倒。

故接勁者，如吾人佇立高樓頂端，向下擲鐵球，鐵球如撞到水泥地板，水泥地勢必崩裂成碎片。鐵球撞到泥地或沙地則形成凹痕或沒入，鐵球落入水池，則被水瞬間完全吞入而沉入水底。故老子曰：「天下柔弱莫如水。」將此比喻為太極拳之接勁，再恰當不過。又如足球進網得分而不反彈，乃因網輕柔將球之來力吸收消除所致。如足球撞到網框，勢必反彈，此撞勁耳。

如宗師所言：「球體輕，是以易於撞出，譬如球體數百斤，亦能一撞而彈出乎？所以撞勁非如法。」然又如何學好接勁？宗師嘗言：「余從澄師遊七年，為之所苦而難到者，祇有一勁，曰接勁。」先師亦言：「以吾師對太極拳體悟之徹，用功之深，仍嘆接勁難求，何況吾輩。」接勁者，以牽動四兩撥千金，引進落空合既出。復以接力跑，接棒者先向前緩跑為師，更以足球進網，網之輕柔，

以鐵球入水池，水之柔弱能容為例。牽動，引進，緩跑，輕柔，避其鋒，仍太極拳之原則。「緩速輕重皆能如法，則黏提聽放，已在其中，合吞吐之意於剎那間，其勁在分寸之際。庶乎階及神明也。」

拳論云：「由著熟而漸悟懂勁，由懂勁而階及神明。」此與宗師之立論有異趣同工之妙。其妙在於「虛靈頂勁，氣沉丹田，不偏不倚，忽隱忽現，左重則左輕，右重則右杳，仰之則彌高，俯之則彌深，進之則愈長，退之則愈促，一羽不能加，蠅蟲不能落，人不知我，我獨知人，英雄所向無敵，蓋皆由此而及也。」此接勁體用之精華，非功力之久，不能豁然貫通焉。

在練習接勁的功法裡，以本人之習練經驗，「開胯圓襠功最為有效，每天至少一零八次，其功法為兩腳站立，重心移左腳，右腳尖稍提，向右撇90度，重心移右腳、左腳向左前邁進一大步約60公分，形成左右腳跟向後延伸的交叉角為90度角。立身中正頂頭懸，兩手自然下垂，兩掌背稍向內向前置於胯前，當兩膝向外張時，（非彎曲）臀部有下坐意，胯須摺疊，收小腹，臀部不可外凸，在一收一放之間，上半身如魚標狀上下鬆沉。兩手掌自然向兩旁左右擺盪。

兩人推手互練接勁時，守方必須確記，等量同速的道理，當攻方之著點接觸時，宜跟著著點應變，反應太早則為逃為丟，反應太遲則為頂為抗，所謂實來虛應，唯有完全掌握陰陽虛實轉換的太極功法，才能練好接勁。

六、能接才能走

陳炎林（先賢）之太極拳刀劍桿散手合編，對走勁有如下之描述，曰「走勁，即不頂之勁，主後退，由懂勁而來，不懂如何能走……走者，走避人之勁而不與之相抵之謂也，故推手時手部一覺得有重意，即變為虛，但不可空掉。如遇偏重，則偏隨之，遇雙重則偏沈之，瀉去其力，隨彼力之方向而去，不稍抵抗，使人處處落空，毫不得力。」雙方對峙，走勁亦須謹記「彼不動，我不動，彼微動，我先動」之原則。尤其走勁，不頂不抗，不擋，隨曲就伸，隨去就化，避實擊虛。譬如對方以雙手泰山壓頂之勢由上往下而來，我則以雙手沾黏其勁，按其來勢偏沈轉腰化去其勁，瀉去其力。

「定膝練整勁，走膝練輕靈。」「練時走長，用時走短。」這是練習定膝走勁的基本原則。所謂體用兼賅，修練時能走長，鍛鍊筋骨皮肉，是所謂舒筋活血，開關達節，用時能走短，是所謂磨轉心不轉，兩腳虛實轉換在尾閭，形不動，意動，能腰靈，以腰運身，以腰帶手動，則發化自如也。

故單有四肢的動作，而無腰身的配合，或有腰的動作而無四肢動作的配合，都有礙勁整。要運動在腰，形於手指，腰與手雖有主客之分，但不能只有一方而缺另方，雙方密切配合一致，這叫主客同體。在推手中，是半圈防，半圈攻。亦為半圈退，半圈進。不能只有進攻而無防禦，或只有防禦而無進攻。防即引進落空，攻是合即出。轉圈

時，要做到上下相隨，左右逢源，內外相合。瞻前顧後，其中有很多細密的攻防動作，必須反覆實踐練習，細心體會其精細與奧妙處。

我以右手按對方胸部，對方以左手截我右手，右手白蛇吐信掐我喉部，我以鎖下額之鎖喉勁，夾其右手虎口，向右隨勢轉腰，再以雙手狐仙拜月式扶其右後背，向我右後方按去，使其失勢向我右側方前跌。

當對方以右手向我擊來，我不退反進右腳踏入其左腳旁，並以右手插入其左腋，以肩入其左腋窩，右手掌扶其頭部左側，左手牽採其右手腕，右手掌隨勢向左按去，使其往我左側前傾。

對方以右手擊我左胸，我以左手反手捥其右腕關節（手心向外）向左下纏繞至左胯旁（似推拳）手心向上，同時我以右手盪至其右肘，雙手以採挒式向右側盪回，使其向我右側跌出。

對方以雙手或單手向我按來，我以雙手扶其臂，以胸接其按勁向左或向右隨勢轉腰腿，使其向我左或右側方跌出，此曰定沈轉。

對方以右手採我右手，左手採我左手，向兩旁牽採，欲以綑豬法鎖我雙手，雙手隨勢成交叉式。並順勢向下鬆沈，使其失勢前傾，再以我腰勁，順勢以開合手，反採其雙手，向兩邊拉開，使其雙手隨我腰腿勁成交叉式使其失勢，此為反綑豬式。

七、能走才能化

何謂化勁，有掤勁的身體才能產生化勁，有如一顆充滿氣的皮球，它要能吸收外力，接受外力，必須充滿掤的內氣才能有旋轉力。如牛推石磨，如陀螺所產生的離心力，旋轉門之中心柱轉動，扇門一體轉動，均能產生外圓切力之化勁。

圓切面的應用有二，其一為軸心不動，隨對方的力度而改變我圓周之大小與轉速，此所謂大圈化小圈，小圈化無圈的真義。或如投石入水興波，波紋一圈圈地往外擴散。二為隨對方之力點轉動軸心，移動球體，改變方向（此為球體之滾動）。而球體的直徑不變，且在圓的外緣形成我圈之圓切力。

化勁有如急速旋轉的陀螺，陀螺的圓徑充滿外張力，當外力接觸陀螺周邊的任何一點，此點的力量形成橫切力之推與拉、同時在圓周的一點產生，也是推力與拉力同時空並存於三度空間。

以陀螺的旋轉為例，陀螺在快速旋轉時，其軸心不動，幾乎是在原空位旋轉，此曰「軸定」，亦曰：「磨轉心不轉」。陀螺旋轉能量將耗盡時，可目測其軸心已在打圈而失之中定，也形將傾倒而停止運轉。

故太極拳之化勁，除了留意不著力外，更要立身有軸，保持身形的中定、中正，與內氣的安舒，才能在無形無象中將彼勁化於無影無蹤。

一顆充滿氣的皮球，當外力來擊時，先以內氣吸收來

力，再瞬間將來力反彈或從旁邊隨勢甩開，這種將來力彈開或向旁邊甩開的橫切力，並非來自皮球本體或陀螺之力，而是來自對方的直力或斜力。

　　簡單的說，化勁也須具掤勁，有掤勁就如彈簧或浮在水中被下壓的皮球。如果你的掤勁。能練到有如樂透機上飄浮的球，在對方的手把球往下壓的當下，讓對方感知感受似鬆非鬆，將展未展的壓力，即有勁，但又無著力點。有化勁的練家，自體就像顆充滿氣的球體和將球往上推之空氣的綜合體，以丹田為中心軸點，此軸並非是一根長軸，而是一顆固定在丹田的球軸，是無根之根，它有如水上的浮萍，水中的布袋蓮，永遠重心向下地飄浮在水面上。它又如萬向接頭般，可以引導軀體的勁做360度向三度空間作無限象的立體旋轉，並帶動軀體無限數量圓的轉動，而此轉動力，非來自球之本體，而是來自外力。它會隨著外力的力向而旋轉，故此點我們稱它為「軸點」，亦是「九轉乾坤」的立論基礎。

　　人體的化勁可千變萬化，譬如對方來力，我將來力接到腳底的鬆沈勁，此勁能將對方來力引到腳底，然後利用借地之力，把對方發出。對方如果給我10公斤的力，我可借力打力，加倍奉還，拔對方之根。亦可完全沈入腳底，鬆沈鬆化來勁，使對方失勢。猶如跌入無底深淵般，從我身側跌出。又如對拉拔長之化勁，當對方來力，我腳底湧泉鬆沈，頭上百會頂懸，吸口氣，收小腹，對拉拔長，隨來力轉腰，將來力化解。使來力落空，此時如果對方不貪，我祇是化解來勁而已，但祇要對方貪攻，我可施

化拿打。

亂環訣云「亂環術法最難通，上下隨合妙無窮，陷敵深入亂環內，四兩千金著法成，手腳齊進橫豎找，掌中敵亂落不空，欲知環中法何在，發落點對即成功。」成語有句環環相扣，如環無端，節節貫串，氣若車輪，最能貼切的表達此意境。

故有化勁的練家，不僅雙手有掤勁，全身也都佈滿掤勁，「全身似手手非手」，全身越鬆柔越無力，其勁越強。當對方來擊時，對方反會覺得像推到有彈力且會轉動之球體，瞬間就被帶開甩遠或反彈回去。

吾師對於發化勁則有其獨到之銘言曰：「發勁要放得長，放得遠，放得乾脆俐落，切勿拖泥帶水。接勁要沾得緊，黏得牢，黏得沈著，且要拖泥帶水。化勁要鬆得虛，鬆得空，鬆得圓活，鬆得拖泥帶水。」練習化勁的功法有，西施梳頭，達摩迎風，拐李掌舵等。

八、意到 氣到 勁自到

太極拳的內勁是走意的運動，用意不用力是修練太極拳的最高指導原則，如果練太極拳沒有「意」，就無法體現太極拳為內家拳的特點，但如果意念太重，也會遲滯。用意要注意眼與身體各部位動作的配合，意與動作配合不上，全身就無法一家。就談不上如何走勁。

所謂走勁，拳論云：「由著熟而漸悟懂勁，由懂勁而階及神明。」著熟、懂勁、階及神明，是為走勁之階梯，拾階而上，先練熟每式動作，進而修練招式作用，運動路

線，就是第一階的著熟。

第二階為懂勁，推手時能基本做到隨對方之動靜來決定自己的動靜，而不是單憑自己的主觀意念，就是懂勁。所謂對方來一寸，自己給一寸，不多給也不少給。「等量同速」，讓對方的力不能在自己身上發揮作用，而又能掌握對方的力之方向，大小，速度，隨時制對方於勢背的境地。即拳論所謂「彼不動，己不動，彼微動，我先動也。」

第三階為階及神明，與人交手，隨心所欲，應物自然，人不知我，我獨知人。故修練太極拳，首要修練走勁、用勁功夫，意到、氣到、勁自到，三者密切配合，才能「神聚」而後勁整。

不懂得走勁，用勁，就不能與人言武，意、氣、勁，關係密切，三者配合才能勁整。勁貴整，行功走架，勁整了，才能更好地發揮自己的威力，在黏走相生，我順人背中發放對方。要做到勁整，就必須鬆沈，貫通，貫串。鬆沈要求全身節節放鬆重心下降，作用到地面借接地之力貫串到全身，然後從地面反作用來擊人，在走架和推手中，太極拳作用與反作用的力勁要求氣血的貫通，身體節節貫串，不能有斷續處和凹凸處。無論推手、走架，都不是局部運動，而是全身一動無有不動，一靜無有不靜。想勁有即有，想勁無就無。這樣勁就整了，就能得機得勢，隨心所欲了。

走勁為虛無勁，首先必須頂頭懸，豎脊樑，收小腹，舌抵上齶，讓氣沈於丹田，意守丹田。與對方的著點必須

做到不丟不抗，隨順對方之力點，做橫向與縱向螺旋式走化，在感覺對方力度接近零時。以內勁發人。此內動外不動之勁也。

行功走架，推手時，勁整了，黏走相生，我順人背，才能更好發揮自己的勁力，所謂英雄所向披靡。而如何才能做到勁整？首要鬆沈貫串，要求全身節節放鬆，重心下降，作用到地面，然後從地面反作用到著點。

故轉圈時，要做到上下配合，左右逢源，瞻前顧後，此中間有很多，細心的攻防動作，必須反覆實踐，細心體會，才能做到拳論之「陰陽相濟」。能體會「陰陽相濟」的太極拳內功心法在「意」，則氣自然上身，勁也隨之而來。

讓學生習知懂勁後，再練習聽勁，掤勁，接勁，再化勁。是非常重要的。初習推手者，老師須不斷地餵勁給學生，學生在老師身上默識揣摩，太極勁就能上身。雙人互相餵勁法有七星不倒翁，雲手，按靠法，弓步按接法，無肩推、老龍出海等

九、短勁——鬆沈、貫串、內氣足

所謂意到、氣到、勁自到，就是己練就了內氣的鼓盪，當內氣充足了，就能發出雷霆萬鈞的短勁。當習練者能體悟謂體內已具貫串勁，已能鬆沈到腳底，懂得氣如何運轉，勁如何出竅，就能感知李雅軒大師之「吸氣若吞江，呼氣若長虹，發勁極鬆沈，打人如透紙，其心勁與神氣己合而為一」的短勁功夫。

　　短勁發人要以腰脊之力，丹田之氣，周身整勁地從前腳底貫串上來❶，腰身坐定，丹田一鼓勁，如錢幣投鼓，如子彈出膛，將對方發出。吾師曰：「短勁如冬天尿後打冷顫，如火燃毛，勁出可以斷其氣，打透其胸，可以使對方涕流尿滾。」此短勁就是隔山打牛的丹田勁。

　　另以手腕輕接對方之勁，往下冷然一沈採，使其身勢前傾，臂腕發麻，此謂沈採之化勁。此勁僅手腕接觸其皮膚，意到、氣到，得機先便可使用，不必用手抓，用手拿。固不必勉強找機會，機會就會自動送上來。

　　李雅軒大師有一首發勁歌，最能貼切描述短勁的情況：「心裡發狠身勢鬆，丹田氣鼓勁前衝，實然全憑神經動，勇敢皆由膽中從，驚心動魄來的冷，勢如強弩透其胸，陡然一震五臟冷（弩天雷），方是太極真神功。」

　　短勁是透過內氣的凝聚、鼓盪、沸騰、沈斂、聚集而成，為一種無形的氣爆。如火燃眉，如子彈穿膛，其勁道柔而帶剛，棉裡藏針，被打的感覺，雖外表軟綿綿，但卻內裡透骨，攝魂入魄。被打之人還來不及反應，其內勁已深達其腑臟深處，令人瞬間窒息，無法呼吸，不知所措，故短勁是出手不見手。

十、掛勁──一提放勁

　　一掛對方就彈出去了，掛勁、要像掛衣服在衣架上，把雙手沈甸甸地往對方身體一掛，對方就往後跌出，掛的時候要有整勁，由我之後腳意注對方後腳，很自然地把雙手往上一提，有如脫掉衣服後，把衣服提在手上，再往衣

架掛上的當下,一提再一放,指梢就掛在對方的身上了,如此就能發出脆冷的猛勁來。

掛勁是腳要有接地之力,重心在後腳,然後移到前腳,再由前腳瞬間移到後腳。後腳一豎一個動作,完成整個勁道,支點在對方,力點在湧泉,把全身像掛衣服在衣架上般地掛在對方身上(對方是肉架子,我雙手掛在對方身上)。

先賢曾云:「勁如彈簧,伸屈自如,重按則勁強,輕按則勁微,勁出輕巧靈活,左右自如,力為有形,勁為無形。力直而遲澀,勁能隨曲就伸,既速且聚。力為局部所發,勁為整體而生,力如山崩,一發難收,勁似閃電雷雨,隨發隨止,勁者輕靈而捷,全身各部皆可隨意發出。」故有所謂手到勁到,未到之前無勁,既到之後捷如閃電,一發便收,其發如大風過境,百草俱偃。其收如暴雨初霽,萬里碧空,意似雨過天青雲破處,神氣自若。

【註】

❶貫串、鬆沈、內氣為短勁之三大要件,缺一不可,身體須具此條件,才能習練雙人對練。吾師嘗言:「互練短勁,耗氣傷脊,淺嘗體悟即可,不宜久練,更不宜隨處使用,易傷和氣,學者宜慎之。」

短勁要發得既冷且脆,除了本身須具備的三大要件外,必須特別注意且習練,從前腳發勁,重心在前腳,才能發出迅雷不及掩耳之短勁。

再談接勁──腰腿求之

吾師曰：「接敵之後，沾黏為首務，但不可用手黏，乃體黏，似地球運行然。如敵向我按來或發擊，我即藉勢迎上，但要恰到好處，如小浪接大浪然，所謂接勢非接勁也。故切勿擅動或用手迎，乃用體接，接住要沈著鬆淨，待動而發，方收入筍之效。」

鄭宗師曰：「太極拳之所以過人者，無他，惟有一接勁而已。」然何謂接勁？勁要如何接，才能恰到好處？則曰：「如球來似能吸住而復擲出，乃為接勁。」或曰：「以我勁接彼勁，使彼勁浮，而我勁倍增。」前者既圓形之轉化也，如球來似能吸住，接化也。而復擲出者，發也。此所謂半圈化，半圈發，既接勁與發勁也。而以我勁接彼勁，使彼勁浮。拳論所謂：「若將物掀起，而加以挫之之力，斯其根自斷。」此為拔根之勁也。

記得民國四、五十年代，當時國小最流行的運動是躲避球。每當體育課或下課時間，同學就會拿了一個躲避球到操場，經猜拳後分成兩隊。在兩隊相互擲球的當下，如果球打到你身上而無法將球接住時，就會被判出場。而接住球的訣竅就是以正面迎敵，用雙手去接球，然後順著球的力向，雙手往身體方向攬，以減低球的撞擊力道。如果硬以雙手頂球，就無法將球順勢接住。又如接力賽跑，當

前一棒跑完全程要交棒給下一位時，接棒者必須站在發啟線前面，緩速順著前一位跑者同步前進，才能接好棒子。如接棒者站在原地不動，可能在接到棒子的剎那，使棒子滑脫或被上一棒的衝刺力甩脫。

接勁是把來勁往自己身上攬，讓來勁消失於我之腳底，這有如避雷針之功能。如果要接而後發，則是利用接地之力將來勁返回到對方身上。故沒有接來勁的發勁是無的放矢，是手的用力，接勁就如撐竿跳或跳遠的助跑，將來勁接到後腳，然後以接地之力發人，前腳祇是平衡與支撐作用，故前腳須穩實踏地，鄭宗師以如直向地下栽植謂之。

掤勁為接勁之要，如對方來勁，以身硬頂，除非己身肌力夠強壯或體位夠重，否則勢必向後傾倒。故欲接來勁，切勿硬頂，要順勢以掤勁接之，兩勁相接時，頂是相對的，如果把自己的意識，放在與對方的著點上，就是刻意，就會出現硬點。接勁時，以掤勁守住自己的疆土，曰不丟。不硬扯強侵對方的疆土，曰不頂。「中土不離位，重心不出尖」，這就是勁之本，力之源。接勁之基石。我在第一輯中將接勁喻為鐵球入水，能容人，似有阻力，又不傷人傷己，此乃接勁之妙喻也。

故接勁時，掤不能過於軟亦不能太硬，太軟就守不住自己的疆土。就無法抵擋對方的勁，就該開不開，該合不合，該虛無法虛，該實無法實。就會轉換不靈，黏走不順，就是雙重。雙重乃接勁之大忌。太硬，手上出現力點，硬點，等於搭橋給對方，容易為對方所乘。

　　掤勁為接勁之本，以鬆柔，鬆沈的身體來製造接勁的空間，非以移動身體來製造空間。此即「中土不離位」也。當對方右手推你左肩時，虛左肩鬆沈入左腳底，腰胯隨順向左轉，從左腳湧泉至踝、膝、胯、肩至百會呈一垂直線。此時左胯就能隨勢鬆沈再鬆轉，千萬不可移動身體。守住腰胯，定住下盤，此為鬆沈轉的接勁功法。

　　設對方以兩手按你兩臂，在感知對方兩手使力之輕重，然後以腰帶手動，順勢接化對方來勁。設對方以右臂攻擊你之左胸，則須全身向下鬆沈，順勢輕提左臂，再向左轉動左胯，以右手撥擊之，使其失勢。

　　接勁亦為作用力與反作用力之體現，當作用力加諸於物體，致此物體產生反方向之彈力時，為牛頓第三定律「每一個作用力，總有一個與之大小相同，方向相反的作用力，此稱反作用力。」太極拳即充分利用身體的反作用力來達到我順人背的目的，此所謂無力勝有力，小力勝大力，借力打力也。

　　如何讓我加諸於對方的勁，而不使對方查覺？以湧泉接地之力，將勁力傳遞至雙手，雙手祇是勁的橋樑，故出手輕靈，力小為上。出手時不以力推擊對方，更不用硬推硬進的手法，而是以鬆沈的腳法。讓對方的作用力還諸其身，此即不頂不抗也。反之，如果對方以頂牛式力道推手，將力勁加諸於我身，我就能聽知其力勁並接納其勁，再返諸其身，我如杵在地上的一堵牆，牆本身毫無力量，然當外力推來時，對方本身就會反彈回去，來力愈大，反彈力愈強，當掤勁能產生巨大的反彈力時，就能產生骨肉

分離的化勁❶。我國古有銘言：「以其人之道，還治其人之身。」法國哲學家羅蘭・巴特亦曰：「反迷思最好的武器，可能是以它的方式將它迷思化，並製作一個矯揉造作的迷思。」

接勁時，肘要曲則力蓄，膝微曲則彈力佳❷，腕則不可曲蓄，力才能貫掌心，拇指曲蓄則力不出尖，兩胯曲蓄才能氣沈丹田，內則束其勁，外則束其筋，剛中有柔勁，柔中具剛勁。故太極拳高手之接發勁，看不到形之曲蓄，意之曲蓄，看不到軀體的微動，只是神一凝、氣一斂，已然蓄放完成。

就內功而論，以胯襠為主宰的行拳練功，腰帶手動，並引動腹內丹田氣如水漩渦之運轉。所謂陰陽虛實以及丹田聚氣全賴胯襠的運轉。由丹田統帥整個身體的運動，練就心意合一。故接勁的基礎在腳，起動在腰胯，胯根是軸心，帶動各關節運動，襠勁轉圈由外達內，由裏透外，渾然一體。

吾師曰：「接勁除了足敷貼地與分清虛實外，且要輕靈裕如，並加注意念貫串於敵之中心點，才不失得機得勢。故敵來勁越猛，接勁愈有效，但不可失時機。如接落空時，必須原接勁變換方向為牽採，視敵輕重緩急，借勢而攻，不可意斷勁斷。」

俗語有句話：「圈內化人，圈外推人。」圈內即指盆骨發力範圍，圈外即盆骨發力範圍之外。太極拳不僅能以柔勁化人，更能以發勁打人。而力量的終極源頭就是盆骨。盆骨者，胯襠也。盆骨是人體最大塊的骨頭。太極拳

以盆骨接勁發力打人,外表不著痕跡。故對方被打得哎喻,仍不知何事,這就是先師所謂體黏、體接之勁也。

生理學而言,胯仍股骨之上節,大腿的拆疊凹陷處,即腰與腿之間。此由骶骨,髖關節,與脊柱的韌帶與恥骨聯合骨盆所組成。行拳走架或技擊推手,如果能夠從大腿根部放鬆,修練髖關節的靈活與柔韌,達到開活兩胯之作用。兩胯的相互關係有如一個鐘的主體,尾閭就像鐘錘。如果我們以臀部左移,則左胯關節既為圓心,並以盆骨為半徑。當左胯向左下鬆沈時,右胯蕩起,當左胯以弧線提胯蕩起,右胯則鬆沈,形成以盆骨為半徑的旋轉運動,此時尾閭所垂下的無形鐘錘向右側擺蕩。這就是左右兩胯的虛實轉換,以鬆沈的胯根接勁之原理。(詳閱第一輯校園的鐘)

修練太極拳拳架,初則手領手的層次,即祇會以手帶領整個運動。繼之則以身領手,即能以身法主宰全身,以胯根牽動全身,透過用意不用力的方式,使胯根收束、開張、旋轉整合起來,以帶動周身肌腱連動出擊,節節分開,節節合攏,節節貫串。譬如出右手,但確不是右手出擊,乃是由左胯褃帶動雙手。如收回右手,是由右胯褃帶動雙手,整體收回來,收與放全在胯間,此所謂腰胯任端的也。

在推手時,對方如以右手封住我之左手(制肘法),並以左手攻我中心。我雖被封住左手,但我祇要腰胯一轉,兩腳虛實一轉換,左重則左虛,右重則右杳,必使對方攻擊點落空。此即以我身體之鬆沈製造出技擊的空間,

而非以移動身體製造空間。即孫子兵法之「善守者，藏於九地之下」。

齊·孫臏兵法亦云：「能分人之兵，能按人之兵，則錙銖而有餘，不能分人之兵，不能按人之兵，則數倍而不足……眾未居勝也，少未居敗也。以決勝敗者，道也。敵人眾，能使分離而不相救也。受敵者，溝深壘高不得以為固，甲堅兵利不得以為強，則勝有道矣。即我能乘敵人備多力分之形勢，與其他各點相持不能動之僵局，集中戰力於決戰點，徹底殲滅敵人的主力。」

若要應用這個戰略原理，必須遵循——我方先為不可勝，以待敵之可勝，我方致人而不致於人，以創造利我之決戰點。即我方先立於不敗之地，以待敵人可乘之機，我軍決不可進入敵人佈置的戰場作戰，必須誘導敵人進入我方佈置的陣地作戰。

道德經第六十六章云：「江海所以能為百谷王者，以其善下之，故能為百谷王。是以聖人欲上民，必以言下之，欲先民，必以身後之，是以聖人處上而民不重，處前而民不害，是以天下樂推而不厭，以其不爭，故天下莫能與之爭。」故惟其不爭，才有接勁之空間，此太極拳之至高哲理也。

所謂：江河不擇細流，故能成其長。王者不欲眾庶，故能明其德。海不辭水，故能成其深。山不辭土石，故能成其高。明主不厭人，故能成其眾。士不厭學，故能成其聖，太極拳不畏學，故能成其道也。

由以上銘言可知，太極拳接勁之道在於「藏中」，

「以我之靜，待對方之動」，「以空間換取時間」。操作「藏中」的接勁，髖骨和肌肉韌帶向下落。弓步時，前腳尖宜微內扣，在胯關節鬆開時，腹部內收，胯以下之肢體鬆沈至湧泉，胯以上之肢體向上領勁鬆透地落胯，才能形成對拉拔長的空間。並在穩實的下盤支撐下，接受任何外力來襲，而能被身體的空間所吞沒。或轉動腰胯，接在腰胯，提高胯關節的抗拉能力，將勁力作用於對方身上，為接勁創造有利因數。

此時必須將胯的空間製造出來，把實腳接地的反作用力，由膝蓋送到胯根，然後摺胯、鬆胯便可在剎那間將勁力送到腰際。如果不會鬆胯，將會瞬間在胯部形成斷勁或頂力，如果能鬆胯便可降低自身的重心，使下盤穩固，將來力接到腳底湧泉，先卸掉對方來勁，再以襠圓胯落的功法，加大腰部的旋轉幅度與兩腳的虛實轉換，使對方從我身後跌出，此即「藏中」的接勁法。

接勁不在手上，全部都是以腰為主宰，鄭宗師於眎本末曰：「練太極拳者，不動手，動手便非太極。」又曰：「其根在腳，發於腿，主宰於腰，行於手指。謂手必要相隨不可自動。」

拳經論云：「不得機得勢，腰腿求之。」為何會不得機得勢，因為時空均時不我予也。故李亦畬虛實圖解：「實非全然站煞，實中有虛，虛非全然無力，虛中有實，以一身而言，雖是虛實之大概，究之周身，無一處無虛實，又離不得此虛實，總要連絡不斷，以意使氣，以氣運身，非身子亂挪，手足亂換也。虛實即是開合，走架打手

161

著著留心，愈練愈精功彌久，技彌巧尚矣。」

不間斷的鍛鍊，可使胯之骶骼關節，髖關節等關節軟骨增厚，肌腱韌帶增粗，在骨的附著處直徑變大，膠原纖維量增加，提高胯關節的穩定度。然後透過放鬆與伸展性訓練，使參與胯關節運動的核心肌群與韌帶力量增強，對抗肌的伸展性能提高，使髖關節的運動幅度提高，人體重心就能透過胯的放鬆，下降到腳底湧泉，為接勁創造有利的空間。

接勁的原理是不主動攻擊，以靜待動，以靜制動，以不動應萬動，更是隨機應動。是在對方出現力點硬點時，隨硬點、力點而動。內功心法是不妄動。以鬆沈整勁貫串讓自己在體動，心動時，不出現硬點或力點。讓對方找不到，摸不著，看不透我之硬點。因為我不用力，不動手，所以就無硬點，故所謂用力推人而露於形，非勁也。接勁蓄於內，不顯於形，不露於外。對於胯的要求，在定腰胯的條件下，透過胯的修練，才能使接勁與發勁臻於完善。

吾師在談接勁時，一再強調，體黏、體接，既在沾黏的先決條件下，以摺胯、縮胯、落胯、坐胯、塌胯、開胯、合胯、轉胯、旋胯、滾胯，依層次循序漸進地鍛鍊接勁的功夫。

摺胯者，摺胯與豎脊樑是不可分割的身形要求。摺胯、也是修練太極拳接勁的基本。有了摺胯的概念後，才能建立正確的身形。能摺胯代表胯已鬆，脊樑才能垂正。腰肌、胸肌、背肌自然鬆柔，背肌得以舒展鬆弛。強而有力的背肌才是維持脊柱垂直的有力依靠，收小腹，腹股溝

凹陷處即為摺胯，腹直肌內收，摺胯為落胯創造條件，利於全身氣血運行，下盤樁功自然穩實。

縮胯者，由前腳至後腳的髖骨和肌肉韌帶向後向內收縮，腰腿與胯合而為一，而不是屈胯凸臀。胯根內扣可使下盤接勁穩若泰山，並為往後之發勁提供足夠的空間。縮胯乃將中盤藏起來，藏中讓對方找不到著力點。必須注意縮胯才不致翹臀，縮胯讓尾閭前收。

落胯者，在放鬆腹股溝的狀態下，髖骨和肌肉韌帶向下落，前腳尖宜內扣。在胯關節鬆開時，腹部內縮下沈，胯以下肢體鬆沈至湧泉，胯以上肢體向上領勁。落胯沈穩，湧泉有接地之力，才能形成足夠的反彈力，在穩實的下盤支撐下，將勁力作用於目標上，產生預期的發放效果。落胯乃放鬆境界的層次而非表面姿勢的技巧。因為技巧無論多純熟都有極限，一旦受到外力，就會習慣本能去頂。然進入鬆透的落胯，外力均會被身體的空間所吸收而被內化，故落胯乃接勁的首要條件，也是必要條件，有句銘言曰「褙圓胯落」，學者必須特別體會之。

坐胯者，在落胯的基礎上，臀部再加點下墜的意念，坐骨再前收一點點，有如在尾閭吊著一個墜子。下墜時，兩邊的胯根內扣，尾閭前收。坐胯時要立身中正，臀肌、尾骨要自然下垂，小腿肚、腿弓、股外側肌都會有沈脹的感覺。弓步坐胯，前膝尖對著第三趾尖，後膝尖對著第四趾尖。平步坐胯，兩膝尖均對著第四趾尖，兩膝向左右旁開，為圓褙創造條件，為坐胯穩實創造有利因數。

塌胯者，既弓步時，後腳膝關節外張微曲，如前曲太

過，髖關節達不到鍛鍊效果，但膝關節太直也不行，塌胯在求髖關節的靈活，所謂氣沈丹田，鬆腰、塌胯、開襠、沈氣，在強調降低重心又安穩靈活。加上腰的旋轉自如，才可能化解來力，運用弓步時先落胯，後塌胯，塌胯時腰背部、臀部肌放鬆，薦骨自然垂正，髖骨內收形成弓勢。鄭宗師於攬雀尾左掤謂「前腳七分實，如直向地下栽植，後腳三分活力，向前推進，」即塌胯接勁的最具體之體現。

開胯者❸，左右兩胯對拉鬆開，膝尖外展，胯的對拉鬆開是以意氣帶動形體，是胯關節周圍的肌肉韌帶內藏勻勁，有如日本相撲橫綱在互相抱摔前的抬腿動作，是一種不平衡中的平衡意念。此絕非鬆懈式的拉開，其勢足以產生一種沈穩又靈活的彈力與意念，形成整體勁。基本功之開胯圓襠功，即為鍛鍊，對稱平衡之開胯接勁功法。

合胯者，指組成胯關節的各部位，向命門穴至會陰穴之間聚合並與腰腿形成一個有機整體。合胯使身勢整體穩固，若與意、氣、勁合理分配，必然使根基穩實，合胯從外向裏合，非胯關節自身的聚縮與僵滯，發勁時是瞬間爆發的，不宜延滯化勁或相抗而動，合至對方來勁化淨即可。渾元樁第四式為合胯的指導功法。兩腳湧泉帶動全身向下鬆沈，小腹部一縮，丹田形成一個水漩渦，製造出可以吸人的空間，為漩渦外旋發勁做準備，先師之老龍出海是合胯的基本功。

轉胯者，指弓步時，前腳的胯根及肌肉韌帶沿水平方向由內轉外或由外轉內的狀態。平步時，左右兩胯根的平移轉胯。用於進退行步時，中間過渡的提腳動作或直勁轉

橫勁，橫勁轉直勁的動作，若在行步時，轉胯就是以胯領起虛腳邁出，實腳轉胯幅度以轉至虛腳跟，腳掌、趾，依序先後提起離地為準。轉多會致身勢歪扭，影響重心。轉少則提腳不自然，要周身協調，實腳沈穩，虛腳輕靈。五禽戲之活動沙包，與開合太極步的鍛鍊可增強轉胯的功勁。

旋胯者，指虛腳的胯關節及肌韌帶沿立圓方向由下轉上的狀態或用於橫向行步間過渡時的提腳、收腳動作，旋胯以胯領起虛腳，橫向移步靠攏或邁出，虛腳旋胯的幅度以旋至腳跟、腳掌、腳趾先後離地為止。旋多會使身勢變形而影響重心的穩定，旋少則提腳不順。吾師之太虛步與開合太極步是訓練旋胯接勁的最佳功法。

滾胯者，左右兩胯集中於一點，可如球體浮在半空中上下、前後、左右滾動也。滾胯必須建立在無支點的條件下，如水柱上隨水流滾動的球。全身如鵝卵石般讓水能滑順流過其表面，而不會激起丁點的浪花。推手時，對方在我的身上找不到任何支點，此乃化之極致也。吾師之達摩迎風功法是訓練滾胯的最佳功法。

由此可知接勁功夫不是隨便練一練就會有成就的，必須靠堅強的意志，有恆的決心，長時間去修練腰胯，去體會如何摺胯，胯能摺，而後能鬆，能鬆而後能落，能落而後能坐，能坐而後能穩，能穩而後能定。能定則開合，旋轉自如。當腰胯能旋轉開合自靈，才能有小成。前人曾說，太極拳十年不出門，太極拳為何難練，因為腰與胯的開合旋轉必須靠默識揣摩，慢慢體會體悟，且還須有點宿

慧，靠著堅剛的毅力和耐力，恆心才能有所成。

故太極拳接勁必須長期累積腰胯的功體，建立在能聽的基礎下，用身體肌膚及神經觸覺，去感受感知對手攻擊力的大小、方向，以沾連黏隨等方法，掌控對方的意圖。聽勁是神經覺，每個人天生均具備，只是靈敏與否。

然透過訓練可以將潛能開發出來，這可透過明師口授心傳與餵勁，去體悟何謂虛實、開合，才能訓練出高層次的接勁功夫。

先求開展，後求緊湊。開展是體，緊湊為用。開展乃體架豪邁，氣勢雄偉，筋脈大開，氣血順遂。緊湊則緩急適當，綿密相接，摺疊互隨，化發一氣，隨心所欲。

開展，含身形的開展、心、意、氣、勁的開展，身形的開展則筋腱放長，使筋在曲伸摺疊中，修練出即韌且柔的彈簧勁，用時收放自如，隨心所欲，心意之開展要心胸豪邁開闊，不拘小節，不斤斤計較，眼光要放長，要有大丈夫的氣概，不計較眼前的利益。師爺以學吃虧喻之。

氣勁的開展宜深長慢勻，不喘不吁，綿綿密密。故在拳架上，全身放鬆，手臂意念宜長，骨盤立起來，腰桿要挺直，身形的伸展更牽動內氣的鼓盪摺疊，建立由下而上的掤勁。

完整一氣後，手有了掤勁，就可似海水承載千噸巨輪。當那靈敏的聽勁成就了，就能瞬間反射回打。當化勁成就了，就能將頑拙之力，虛化於無形。當接勁功夫成就，就能接而後發，化發同時。

推手實戰的條件，含蓋著腰胯的承載力，丹田氣的凝

聚飽滿等成就，而這些成就卻須藉由行動運氣的牽引，始能致之。

實戰中不可能待對方接手後才開始，必須在對方攻擊意念發起，但尚未接觸我時，迅速建立接觸點，並根據對方的力道與力向，迅速採取相應搶點奪位的動作，來接化對方攻勢。同時施以反擊，變被動為主動，這種能力須在推手中訓練，在無接觸點的情況下，尋求變化，以意接，以意化，更是以意打。到此層次，就能成就全身似手手非手的接化功夫。縱然僅用一拇指讓人扳，亦能化去來力，以螺旋勁避開來力而不著力。

有如一支筷子，懸在空中，此單指騰空任誰都無法將它拆斷，因為無支點的關係。但將筷子的一端放在桌上，從另一端施以反向力，便能輕而易舉地折斷。為何？因為有支點的關係。故祇要不給對方支點，則任其力量有多大，也無濟於事，此即接化於無形之中也，所謂無形無象，全體透空也。即把自己的身體，想像為浮在空中的一顆球，把雙手想像為懸在空中一支無支點的筷子。則對方所施之力點都將處處落空。

誘敵佯攻亦為接勁的招法之一。先師在其24字訣中，即以「誘」為第一要訣。誘者，引誘也，誘敵也，敵之不來，以微勁誘之，使其出現硬點，再借橋發人打人。故誘敵佯攻亦為接勁之招法也。以左手由掤手轉按手，微勁，佯攻之手法，須以微勁誘之，不輕不重、不急不緩，臂不可過肩，肘不可外翻，曲肘必須大於九十度角，才能讓對方以為我欲以左手攻其上盤。實為右手向下按其中

盤，為暗手真攻也。左右換手亦然。記住誘敵佯攻，不管左手誘，右手攻或右手佯，左手攻，其勁均來自於腰胯。

太極功夫臻上乘，是拳打鬼不知。有人說，出手連鬼都不知，更何況是人。化勁讓人無感覺，沾黏如影隨形。讓對方如墜五里霧中不知所措，欲還手又如捕風捉影。這就是拳已無拳，意已無意，所謂無意才是真意。到此境界，無招勝有招，那還需什麼招法、勢法，全身已然透空，對方完全摸不著頭緒。

【註】

❶骨肉分離也是化勁之一，其中更含有發勁，所謂發化同時也。當對方來手接觸我兩前臂時，我以肌膚接化其來力，肌膚順來力往後，尺骨與撓骨之意念向前，以內氣將對方發出。此同時具化與發之功能，謂之。

❷鬆胯定膝，直腰定膝，均要求膝蓋必須定在原體位，不可隨胯左旋右轉，更不可跪膝。推手發勁時，前膝尖切勿隨勁往前而形成斷勁。膝蓋定住以膝尖與前踝窩在一垂線上為佳。

❸開胯，可以兩胯同時開，此為開胯圓襠功。合胯：可以兩胯同時合，此以易筋經之摘星換斗式習練之。亦可左開右合，右開左合，此以習練熊經與太虛步具實練價值。

引進落空合即出

吾師曰：「敵進我退或忽上忽下及左右，拳論雖己明言，非黏勁必將落空，學者宜在黏勁上窮究乃能收實效。」

太極拳推手最常見的兩句話為「四兩牽動千斤力」「引進落空合即出」。以說文解字，除了四兩，千斤力是名詞。牽動、引進、落空、合即出，均為動詞，其妙在於「引進」「落空」「合即出」三個動詞合成句子，卻成為太極拳推手的至理名言。

「引進」是被動式，是對方先給力，產生了力點，我方透過聽勁感知此力點的大小、方向，等量同速的引進。如果對方不進，就不能引，也無法引。「進」是對方攻擊的「進」。對方「進」，我方「引」，是對方主動，我方被動。對方出力是因，我方被動牽引是過程。而產生對方的落空是結果。整個「引進」所造成使對方失勢，是果。故落空是對方失勢落空，非我方落空失勢。

「合即出」則是選擇。譬如我方可以選擇鬆化法來接對方的來勁，亦可以一點定接，一點鬆化或兩點鬆化空，祇要配合堅定的捨己意志，則主動在我，被動在彼。因我俱聽、懂勁，才能將對方之勁力，隨曲而引進，就伸而進擊。然將對方的勁力引進後，我方之引不一定會使對方落

空。如果對方的勁力夠遠，夠長或不貪，在無法將對方引進落空時，我必須俱鬆沈轉之接化勁功夫，先誘後引再合勁而出。

再談為什麼「合即出」是選擇呢？因為當引進對方之力，造成對方落空的結果時，我方是可以選擇施以化勁，借力使力，選擇牽動千斤力，使對方往我身後跌出，或選擇將對方來力接引至腳底，消失在湧泉，然後以接地之力將對方反彈發出。還是選擇交叉神經反射，從另側指梢釋放，將對方發放出去或選擇往上引動，由下發擊或往下引動，由上提放。此決定權操之在我，且祇在一剎那間自然而為。

在整個「引進落空合即出」的過程中，是虛實轉變的，是陰陽相濟的，是實來虛應的。對方來力是實、是陽，我接對方來力要以虛應，是陰。實來虛應，虛祇在來力的著點上。實則是內氣的鼓盪，形之外的。

所以，引進落空合即出是接化發同時瞬間完成的，可謂迅雷不及掩耳也。

另同側的下盤須以實，為我方之根基。透過著點將來力引到同側實腳之腳底。當來力從湧泉反射到不同側的指梢著點時即能「合即出」。所以選擇發或化在我方之實腳湧泉穴，經交叉神經反射到不同側或同側之指梢。受力點是虛，發力點（指梢）是實。而此「合」也是外型上的外三合，心意氣的內三合，內外整體的發揮。在此特別要強調的是外三合中的肩與胯合的感知，想像吾人有如穿件吊襠褲，兩條吊帶各跨過肩窩，往下止於胯窩（鼠蹊部）形

成兩條無形垂線。想像你的下盤似吊襠褲，透過兩條吊襠帶的對稱牽引，才能將上體與下盤連結貫串。

所謂吸化而呼發，吸氣，收小腹，身體上提，兩手隨氣上舉外開，腹肌往胸部方向擠壓收縮為化❶。呼氣，尾閭要內斂向下垂正，陰蹻❷向兩旁外展，間椎向後拉伸，伏身向前，兩手前舉為合。此種練習要將中氣沈於丹田，才能達到養勁發勁的效果。傳聞楊澄甫祖師的發勁，即是以此功法，利用腰脊之力，丹田之氣，周身整勁呼氣，然後往下地陡然一坐，往前一鼓勁，一蹤一彈將對方崩出。

對方主動攻擊，我借力使力，對方不主動攻擊，我引進落空。所以引進落空要有聽勁的能力，所謂沾連黏隨，不丟不頂。與對方推手時，除了本身之頂頭懸不能丟之外。和對方的著點也須不丟不頂，才能聽。聽勁者，感知感受對方來勁之力度，方向、虛實。本身須具聽勁的能力，才能祇著意不著力去感知對方之勁力，才能隨對方之勁力而引，才能以我最小的合勁，借力打力，再加倍奉還地將對方發出。

以我之合勁合對方來力，借力打力，加倍奉還，將對方發出，此合即出矣。即者，即時也，同時也。俗語說：來得早，不如來得巧，來得巧就是得機。而你在接到對方來勁時，如果能掌握住多一分太多，少一分太少的原則，剛剛好接住對方來勁，等量同速地把對方發出，就是得勢。故曰：時間，空間都抓得很準，就是得機得勢。手上有分寸，才能以我最小的勁牽動對方，把對方發得最遠，放得乾脆俐落。同門洪師兄說得好：「在與對方交手的過

程中，總會碰到對方偏丟抗頂的時候，若你掌握到了，那就是發勁的時機。」相對的，如果你有抗頂的硬點、力點或偏丟的懈點，有聽勁能力的對方也會借機得勢地將你發出。故兩人交手時，端看誰能沈得住氣，聽勁靈敏，不給對方牽動引進的機會，才是致勝的關鍵。

就像黑冠麻鷺啄到蚯蚓般，麻鷺的啄力與蚯蚓被啄到的緊張形成拉鋸，雙方互頂，故黑冠麻鷺必須先鬆一下，此即為引進也。它這一鬆，蚯蚓也懈了，然後再瞬間把蚯蚓拉出，此即為合即出也。雙方推手對峙，兩力相頂，彼此僵在那，如果有一方先鬆沈，引進對方的頂力，讓對方失勢前傾，就能施以合即出的勁力。

吾師習練推手，總感覺吾師輕輕地把我的右手往他身上攬，而我的右手毫無抵抗跟過去。當時祇感覺吾師左腳一鬆沈，左手一放，右手一撥，我整個身子隨即往旁邊斜出。然後吾師腰胯往左邊一轉，再往右旋，我的兩隻腳已不聽使喚地浮起來，整個身體哴嗆往後退。事後吾師解釋此為先引進的化，讓對方落空，再合勁發出，即為引進落空合即出也。引進落空要能接，能接才能引。要守靜待動，別人微動時，即借對方的力，順勢隨他動，接其來勁，順勢借力把對方發出去，或牽動對方，這就是對方一動，我隨他動的接勁功夫。

所謂虛實點中求。在引進對方勁力的同時，我方切勿出現力點、硬點，而是把對方力點引到腳底。高手對招，不祇不能出現硬點，更要製造對手的硬點。祇要你有一點要攻擊對方的意圖，著點馬上會出現力點，變成我被對方

引進。

如果對方不動如山，像一隻石牛杵在地上，一動也不動，又如何引他動。甚至於你也必須練就靜定的功夫，把自己的靜練得像石牛般讓對方根本無法引動你。所以說曰「引進」是相對的，對方失勢，你能引動他，如果你失勢，對方得勢，對方也可以引動你。

當對方擊你，要讓對方完全撲空，你的身體雖然有跟對方沾黏，但對方卻有如站在萬丈懸崖，突然往下掉的感覺。住在大樓或公寓樓上的人應該都有類似經驗。大樓突然停電你循著樓梯往下走，心裡惦著應該還有幾階就到底了。因為你心裡的階數與實際階數有落差，所以，突然一腳踩空，身體往前傾。化的最高境界，就是讓對方踩空，撲空，即所謂的「引進落空」。引進落空合即出在推手時，必須用到小臂之槓桿原理，老龍出海單練或雙練是練習引進落空與發勁的最佳功法。

【註】

❶吸氣，收小腹，身形對拉上提，兩點變一點，化去對方來力。另將來力引到腳底，鬆沈到腳底，使對方失勢亦為引進。

❷陰蹻，奇經八脈之一，起於足底湧泉，上行足舟骨後側，內踝、直上沿大腿內側，經會陰，向上沿胸部內側，過迎香，顴部眼內眥與足太陽經會合。故兩腿呈拱形，拉伸陰蹻，間椎向後拉伸，伏身下腰向前，兩手向上挺舉。可舒緩背脊，舒通前胸血脈。

173

同心圓理論

　　吾師曰：「以丹田為中心，腰為中心球軸，身體為第一層球體，包覆在丹田的外層，手腳為側翼，為第二層球體，迴旋於身體之外圍，意與氣為第三層球體，籠罩於手腳，身體之周緣，勁為貫串於中心軸與最外層之球體，聚蓄於內。在大自然的景象中，如龍捲風、颱風，水中漩渦均具備有同心圓之中心球軸、內圓、中圓、外圓等，流體旋轉動力原理。」

　　黑皮書曰：「重心祇許放在一腳上」。我深深地體會這句銘言的珍貴，更衍伸為「重心祇許放在一腳的湧泉穴上」。練太極拳是體悟，不論是站樁或盤拳走架，如果能體悟這句話的奧秘，把湧泉當做一顆球體的軸心，就知道如何鬆沈。鬆沈者，垂直向下也。將重心放在實腳的腳底下的湧泉穴。去感受立身中正安舒的感覺。去感受立如平準，活似車輪的知覺，當將重心僅放在一隻腳上時，此重心必須與人體垂直重心貼合，而形成一圓軸柱，並使重心在人體最下方（湧泉）。另一虛腳為下圓周之一點，我雙手則為上圓周之一點，推手時，如對方來力接觸我上圓周任何一點，我均能轉動軸心，並將對方當成同軸心的圓周最外圈，將來力引化。這就是以我身體為圓柱，對方為我同心圓的一部分。先確定兩腳虛實轉換後，實腳的定勢完

全能單腳立地，立身有軸，有如陀螺的單腳旋轉般。

在確立實腳的軸心地位後，第二步功夫就是要有活似車輪的形體，活似車輪的先決條件，本身並須具備圓撐的貫串勁，所謂立如平準，活似車輪者也。此乃圓之向心力與離心力之作用也。

另將身體重心僅放在一隻腳時，此實腳為圓心，另一虛腳或雙手為圓周之一部分，在推手時兩手與對方接觸的著點即為圓周之任一點，相像兩人之間有一無形的垂直中心線為軸心，將兩人的搭手勁形成一圓撐的圓周。將兩人溶為一體時，當對方來力使這圓周旋轉，則我為軸心，對方為周體。對方來力，祇要我具備穩、沈、勁力，就能發化自如。

我們以圓規劃圓，或以甩扯鈴為例，或彩帶舞之弧形旋轉為例。就能瞭解圓勁，來自於圓形旋轉之切力而將對方甩出圈外。

立如平準者，即站立時腳底接地之力要如支點，當兩邊都放上等重的物體，兩邊可搖晃，但又不失其平衡。此即中心支柱不動，槓桿同心圓之原理。又如旋轉門之中心底部支點，如旋轉木馬之中心支柱，任何以其中心柱為圓心之圈，均能隨順轉動，任何外力祇要碰到同心圓之任一外圈。

有學生問我，外家拳與內家拳到底如何界定，因為外練筋骨皮不足以解釋就是外家拳，內家拳也須要從筋骨皮練起。所謂人階不就是舒筋活血，地階不就是練開關達節？而外家拳到某層次時，也強調內練一口氣。所以說

達高層次時,「何者為內家,何者為外家,可能就分辨不清。能夠提出這種層次的疑問,可以說是非常有見地。

太極拳一向被歸類為內家拳,難免也面臨這種疑惑。如果要更清楚地瞭解太極拳,以我的看法,太極拳是一種進化拳,蛻變拳,是一種走弧形同心圓的拳。太極拳是不斷地在進化與蛻變,就如毛毛蟲經多次的脫殼,蛻變為美麗的蝴蝶般,它經過無數次的進化由粗糙變成精緻,由開展變成緊湊。曲蓄而有餘,直養而無害也。

有人說學習太極拳,就是把原本的茅草屋拆掉,重新蓋起鋼樑結構的大樓。這句話祇對了前半段,並未把太極拳的精髓解釋清楚。它祇說到太極拳「體」的某部分,並未碰觸到「用」的核心。從無為到無所為而已,其實「有所不為」後面當為「無所不為」,而復歸「無為」(道德經)。因為太極拳是借力使力,無力打有力,是用意不用力,是自然而為的拳術。是必須從無到有,有就是整勁、貫串。再從有練到無,無就是鬆沈。

直力運動所產生的動能,與弧形之圓勁運動完全不同。因為雙方互推手,各有力點與支點但卻有共同的著點,誰的力臂長就穩操勝券,然圓勁則以旋轉力為主,靠的是磨轉心不轉的定勁,直力與圓勁就是外家與內家最大區別。

鬆沈轉與定沈轉是太極拳推手的功法,即以我為圓心,以彼為圓周,以弧形之力走化彼勁。吾師曰:「敵如兩臂齊攻於我,立即轉腰,且要黏住,丟了一邊,而全勁向其一邊,攻其不備,出其不意,乃是孫子云:『置之死

地而後生』。」

行拳走架與推手的動作均走弧線，所謂勁以曲蓄而有
餘。走弧線動作，便於由柔轉剛或由剛轉柔。在用勁時剛
柔並濟，循環不已，走黏交替，都以圓形為基礎，走弧線
路線的速度並不比走直線慢，因為弧線動作沒有間斷不用
轉摺，可隨機轉變，反比直線來得快速，此所謂後發先至。
功夫層次越高，在應用弧線時弧圈越小，越順暢。甚至只
有弧線的意，而無弧線的動作，不讓對於感覺到任何支點。

亂環訣，小圈有同軸平面同圓心，小點外緣有小圈，
中圈外面有大圈，有同軸立體圓，有同軸偏心圓（呼拉
圈），環中有環，圈外有圈，胸中有球，兩肩各一球，兩
肩合一球，全身是手手非手。全身佈滿著球體，球球相互
貫串。就像一個籠子裡，充滿大小各不同的球。在麥當勞
的兒童遊樂區就有此項設施，小朋友往裡面跳時，球體會
毫無支點地向四周八方散出。

鄭宗師於別程式人階之一階一級曰：「為自肩至腕之
舒筋法，筋既能舒，則自然血活，其法以舒腕為先，肘次
之，肩又次之，毫不用力，由至柔而漸進，皆以曲中求
直，厥形為圓。曲既不宜，直亦不可，有缺陷、有凹凸亦
不可，終以舒筋至中指尖為止。」

九轉乾坤就是把自己當作一個球體或無數個球體來修
練，運用球體的旋轉與滾動，來製造對方的勢背，利用球
體的滾動，使自己立於即得機又得勢的有利地位。修練有
成則全身處處是定軸，著點即軸心，處處是球體，祇要是
對方在我身上任何一處有著力，都能化為圓的切面，讓對

方毫無著力點。且圓的切面既能化，也能打，在自身就是球體的原則下，我身着着都能隨對方的攻擊力向，以四兩撥千斤之勢，先引進對方的力，再以我之勁合對方之力，以雷霆萬鈞之勢把對方發放出去。更高層次的太極球體是以對方加諸於我身之著點為軸心，既化既打。九轉乾坤在身上製造無數的圓球，相互滾動，相互消卸來自外面的壓力，林清智老師稱為「破碎的鬆化法」。❶

上下相隨勁貫串，即以湧泉為軸心，則踝、膝、胯為內、中、外三圈之同心圓，且踝關節、膝關節、胯關節各為球體，由下到上如九大行星繞著太陽而行，各有其公轉軌道與自轉速率，雖各自為政，獨立感應，卻也能相互支援。此乃以丹田為中心，由下而上之同心圓，以腰為中心球軸。橫向之同心圓。即以肩、肘、腕為內、中、外三圈之同心圓，橫向開展，當手腳腰能配合一致時，推手就不會出其不意的用直力（斷力）方式去推發對方。故曰，以撞球方式推人者，非太極勁也。以卡車撞人方式亦非太極勁也。

腰手腳配合一致，既腰到手就到，腰轉是小圈，手轉大圈，不管弧度大與小，腰腳手要同時到位，故手不可主動，是腰帶手動，必須做到，在承受外來之壓力下，同心圓球體亦不散亂，常見對方來力將掤手按到胸前時，就想縮手、動手，而造成腰手腳無法配合之毛病。

對方按來，你的手與對方手上的著點不動，以身體與手的著點，加上意念的點成為三點，三點成一線，一線聚一點，以手之掤、捋、按，以腰胯之鬆沈轉來發人。

腰、手、腳配合一致時，腰帶手動，以己身之脊柱為圓心，以百會至兩腳任何一腳之湧泉為圓心柱，以兩手指梢為圓周，弧形劃圓。兩手隨腰而同時動，非單獨動，所謂，手是兩扇門，全靠腰打人。勁力來自於軸心的旋轉，兩手為力臂。如果兩人互搭手，則有一無形的軸心在兩人之間，軸心與兩人身體之距離為半徑，且半徑等長。當對方任何一手出力時，即由對方轉動圓周，四手接觸之兩著點就能形成圓切力，同步旋轉，在對方來力轉動圓周時，我就能以同軸心關係，貫串整勁將來力引化或發放。此曰，立如平準就是達到與對方形成同心圓的第一步功夫。

　　如果我能單腳立地，立身有軸，如陀螺的單腳旋轉，在確立我實腳軸心地位後，我必能產生圓勁，以我為圓心，對方為圓周，來化發，因我與對方是同心圓的兩半圓形。如旋轉門般，將對方發放。我具備此活似車輪的形體，成就圓撐的貫串勁。並將兩人溶為一體，此穩沈之勁力就如圓規之劃圓，甩扯鈴，舞彩帶般之弧形轉動，故同心圓之圓勁來自於圓之旋轉力，當建立人體軸心後，左手的動，必須在左腰胯支配下完成，右手的動則要在右腰胯支配下完成，腰胯支配多少，手就動多少。

【註】

　❶破碎的鬆化法：對方按到我的身體，身體猶如沙袋般，馬上讓對方的力點陷入其中。高層次的破碎鬆化法，身體有如裝著許多玻璃珠的麻布袋，對方的力點會隨玻璃珠滾來滾去而陷入其中，永離摸不著我體內之力點。如果能練就如在地上的一堆亞麻籽，對方的力點祇要觸及，就滑溜溜地瞬間滑入亞麻籽堆裡，其妙無比。

圓勁的原理

吾師曰：「接敵後，務必先走而後化，走是直線，有限度的，化是弧形，無限制，而在不即不離中討消息，切勿自作主張。」

鄭宗師在勁與物理謂圓之成因曰：「因球形乃一容積最大，面積最小之體積也，而雨露雖微，而一滴中，含有無量數水分子，個個竭力向外發展，其結果各得平均，互相牽引，其表面雖有張力，然其內仍有聚力，故不失為圓。」比如荷葉上滾動的水珠，其形圓，在荷葉上隨風滾動，其動也靈。

推手互練從心開始，先練形體的鬆柔，再練內氣的鼓盪，由外而內，再由內引外，才能體用兼賅。在推手形體的互練中，你來我往，非以直線拉鋸發化，實為兩個充滿氣的球體，以單點接觸做弧形之轉動，乃內氣之鼓盪也。所謂「一處有一處虛實，處處總此一虛實」。全身處處實，處處虛。行氣如九曲珠，珠珠相連又貫串。這有如工業之承軸，內環不動為定軸，外環轉動，全部的鐵珠就一動全動，一靜全靜。

對於圓勁之應用，吾師常以地球之運行為引喻，譬如「任何動作求圓形，宇宙間圓形的力量最大，如地球任載地上萬物，都能負荷自如，旋轉自如，使地上動物均不感

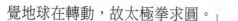

覺地球在轉動，故太極拳求圓。」

又云：「平時行架，切記，虛實平正均勻。平衡、循環、對稱，須做到不亂動，內外放鬆，如地球之運行，毫無滯鈍與著意，且應輕靈連綿，期能使每一細胞吸收大自然之氧氣，亦就是專氣至柔耳。」「從用來說，首須將自己身上形成圓球然走化，不接受外來絲毫力量。又必須立地生根，鬆柔如柳梢，定要於沾黏勁著熟而能執一馭萬矣。」由此可知，地球有公轉、自轉，且自轉中有公轉，公轉內含自轉。自轉時，軸柱不動，球體有規律自轉。公轉時，軸心的中心點不動，球體沿著赤道而行。這是地球運轉的原理，也是球體運動的道理。

拳論云：「人剛我柔謂之走，我順人背謂之黏。」在走化時，虛實轉換，要以鬆沈右腳，摺右胯，虛右手。鬆沈左腳，摺左胯，虛左手。直腰，鬆胯，定膝來化解來勁，才能充分體悟右肘與左膝合，左肘與右膝合之妙。也才能體會以上體中定來化解來勁之巧。這就是勿移胯挪臀，勿扭腰擺臀，上下對拉拔長的中定原理。當充分瞭解此人體交叉神經作用與內勁「心與意合，意與氣合，氣與神合」，就能體認內三合與外三合之奧妙。也才能以沾連黏隨之聽勁，化解彼勁於無形。先師在「太極拳推手實用經驗談」裡，言之甚明，此謂「敵欲進欲退，一剎那，我即先知且能應勢變化」。應勢變化者，變易也，執一馭萬也，遇敵之力點與硬點，隨遇而發，隨意而化，此謂「因敵變化示神奇也。」

鄭宗師於通玄實篇曰：「所謂腹內鬆淨及周身輕靈與

牽動四兩撥千斤者，皆謂不用力也。即不受人襲擊之力，進之者更須能牽動四兩撥千斤之力，借力使力，仍能體用兼賅。」兩人以掌背互搭沾黏，有圓勁者，著點是隨意而走，隨意而動，用意不用力，全身鬆沈，以胯領肩，以肩領肘，以肘領掌，以意領氣，聽其虛實，權彼輕重，摧彼重心。使敵欲進不能，欲退不得，是謂不用力。此為意在點中求也。

鄭宗師於勁與物理篇亦曰：「太極拳氣與勁之運用，在乎綿綿不斷，週而復始，圓而神通，靡有窮際，宇宙之間，大若行星之運轉，微如雨落之降零，厥形皆圓，此自然之徵象也。引而伸之，其體與用及其內含精蘊，實與吾拳有息息相通者。」伸言之，太極拳即充分運用圓之運動原理，以達發化，而不以抗力相催矣。無論體用，均須以圓為主，庶幾能有所得也。

鄭宗師認為太極拳之所以不容人摸著與觸到者，以其體圓，因其體圓，仍能「一中同長」。以力觸其一面，面面皆動，觸其一點，萬點皆應。圓因處處是弧形，點點皆切點，面面是切面，其應用有二。

一為自轉，軸心不動，隨對方之力點而轉動，且能改變我圈之大小，此謂大圈化小圈也。如投石入池中，水波一波接一波地往外擴散，碰到水池邊緣，又一波一波地往內聚。當圓勁一圈接一圈往外擴散，此氣之發人，如原子彈之爆炸，如煙火之火樹銀花，任何物體祇要觸其周緣，均會被其內氣或離心力所反彈，此圓勁之彈力原理。當圓週一圈接一圈往內聚時，此為氣之化人，有如龍捲風或如

水漩渦之吸力，任何物體祇要沾其周緣，均會被其吸入再甩出。以上仍兩種圓內聚力與離心力之作用，非關圓切力也，因為圓切力仍一挨換一沾作用，而漩渦原理是一吸一放作用，兩者僅在時機有別而已，此圓勁之漩渦與圓切力原理也。

　　二為圓之運行，即隨對方之力點滾動並移動我軸點，然圓周之大小不變，當對方來力轉動我圈時，我能以圓切而化發，亦能移形換位，將來力牽動。這就如地球之自轉加上公轉，兩力相輔相乘之應用，所謂「人剛我柔謂之走，我順人背謂之黏」。故雙方推手，必須把握住，一個原則，千萬，千萬不要給對方硬點（**不鬆之點**）力點（**想攻擊之點**）且如果得不到對方的硬、力點，更要製造對方的硬、力點，才能化發自如。故曰：「功夫修練到純熟，圓勁是無所不在，無所不存的。」圓之公轉與自轉是形成圓勁的兩大元素，當圓勁充滿全身時，等於全身處處充滿著圓球，處處可發人，點點可打人。對方之著點在哪？圓勁就在哪？

　　所謂一處有一處虛實，處處總此一虛實也。時常進出飯店旋轉門者應當都有此經驗，旋轉門有四個扇門，當我們推動其中一個扇門時，其他三個也跟著轉動，如果我們用手推動前扇門，身體如果沒馬上跟著前進，後面的扇門就會打到我們身體的背部。太極拳以脊柱為軸，以兩手為扇門，磨轉心不轉，動軸不動手，圓勁打人的原理在此。

　　圓勁的原理，初習推手者，如能以環形轉動為首要，當習練至純熟後，再進一步求球形滾動，全身各關節一動

全動，一鬆全鬆。下盤能沈，中盤能輕靈圓轉，上體能鬆空。腕、肘、肩能輕靈活，則在雙方搭手時，腕如蛇首。臂如蛇身，著點如萬向接頭般能無定向滾動，讓對方摸不著。而對方加在你身上的著點，祇要有任何風吹草動，你都能靈敏地感知，並以著點為圓勁加以化解。

圈內打人，為打中攻中之勁，太極拳推手如兩球體相互磨蹭，沾黏走化，意要相連，氣要相隨。以掤勁互搭，不僅要想像全身是一個球體，更要想像全身上下似一串相連又能各自滾動的鐵珠，才能感受圓活之趣。

想像此意之運使，在內不在外也，即所謂：「意氣須換得靈，乃有圓活之趣也。」「圈內打人，圈外化人」，不讓對方進到我之圈內，圈內即盆骨發力範圍，圈外即盆骨發力範圍以外。太極拳不祇能以柔勁化解對方來勢，還可以發勁打人，而力量的終極來源就是盆骨，盆骨即腰胯，人體最大塊的骨頭是盆骨（髖骨），太極拳用盆骨來打人，盆骨發力，外表不著痕跡。所以，對方被打得折肢斷臂仍不知何事。

張義敬在《太極拳理傳真》談到：「在化勁之時，自己處於圓心，使對方在圓弧上，呈切線滑過。」這是以「圈內化人，圈外打人」，既讓對方進到我之圈內再鬆沈實腳，讓對方落空、失勢，就可以圓勁化發。掤勁要圓撐，圓滿，捋、擠、按等八法，都要有掤勁，像一個充滿氣的皮球，才能自如地左滾右轉。譬如小狗玩皮球，如果氣不足，失去掤勁，祇能任由小狗叼著走。如果氣足了，圓撐了，小狗就祇能用前腳玩球，且無法控制球的滾動方

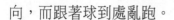

向，而跟著球到處亂跑。

俗云：「不招不架，祇是一下。」說明太極拳不需去探究一招一式的用法，而是著重在功法之自然圓活。如何鬆沈到腳底，如何以腰轉來化解來力，以腰定來發勁。所謂定沈轉者，即當對方來力，接觸到我身體的剎那，如何以著點為不動之圓心，有如旋轉門般消化來勁。所謂鬆沈轉者，即當對方之雙手接觸到我雙臂時，如何以腰帶手動，磨轉心不轉地化解來勁。此必須以丹田為中心，腰為第一層的圓球，身體為第二層球體，包覆在丹田之外層，手腳為第三層之球體，散佈在身體的外層，意與氣為第四層球體，籠罩在手腳，身體之周圍，勁為第五層之球體，蓄於內而發於外。圓勁化發，終致無形又無象，全體透空也。

解析正襟危坐

吾師曰：「平、正、均、勻、鬆、淨、沈、柔八個字，此是體用基本要求。」

鄭宗師曰：「行處坐臥時運氣向上，惟須注意足分虛實，實則足心貼地，向後往之，手亦實，氣行手指，坐則隨時危坐，豎起脊樑，處者，站立也，一足實，足心貼地，疲則易之，臥必身向側睡，屈右腿，以左足背貼於右膝蓋下，左手落於左胯上，右手托右頰，全身筋肉鬆沈貼席而已。談笑勿過高聲，氣要由丹田發，有津液時，須嚥下，飲食以時，量有限制，不急遽，不思慮不言笑，沈氣危坐，托碗近口，此皆收廢時養氣之功，即求放心已耳。」

危，台諺曰：「捏怕死，放怕飛。」喻一個人手上抓了一隻小鳥，如果太用力握緊，怕把小鳥捏死，但如果抓得不夠緊，又怕他馬上飛走之心態。此危也。又如手上抱著剛出生的嬰兒，抱太緊怕他難受，抱太鬆又怕他滑溜到地上而受傷。此均為危也。故正襟危坐之危字，不可作危險解，渾元樁之第三式，收小腹，兩手垂抱在腹前，有如抱著嬰兒的小屁屁般，要有此「危」字之意念。

鄭宗師於心齊並重篇曰：「初學入門者即以心與氣相守於丹田，勿忘勿助，此即所謂求其放心，及主人翁之在

家也，久之其氣自能越乎尾閭，衝開夾脊、度玉枕，而達乎顛頂，降於丹田，此即任督通而心腎交矣。」又曰：「惟脊之一字，意猶未盡，約而言之，古人所謂正襟危坐，此修養之事也。」

脊者，脊骨也，太極拳強調頂頭懸、坐胯、落胯，就是把腰胯穩穩地坐在兩腿之間，兩腿堅實有力，湧泉完全貼地❶，配合虛靈頂勁之意念，才能支撐腰胯與上體。且不讓腰胯左移右盪，移胯挪臀。凡練太極拳推手者都知道搖頭晃腦，扭腰擺臀是太極拳之大忌，頂頭懸與落胯，脊柱垂正，亦為「危」矣。識者必須特別注意。

故鄭宗師曰：「危字之解不一，皆未敢直作危險之危字解。予謂危坐者，確有危險之實存乎其間，脊多節若串珠然，纍纍而起，稍不將意則傾側，或曲凸而倒矣，則不復有力，得能支撐其軀幹矣，其為病，小則為骨疽骨癆，大則即如天柱之折矣。豈不危哉。」此言形體之危也，意指人體乃一多關節之直立活體，由肌筋腱包覆支撐而能不受地心引力而坍塌，設無肌筋腱之支撐，則如一攤白骨，其能直立乎。如肌筋腱軟塌無力，或無精神，意志支撐，則如醉漢之攤於地上。故人體之直立，危立也。

頂頭懸，虛靈頂勁，「危」之心理狀態也，無論行、住、坐、臥，時刻有中，鄭宗師所謂「頭不頂懸，三十年功夫白練」，故提綱契領者，此危字最佳註解也。

鄭宗師曰：「善修養者知其所以然，弗使漸為不振，由萎靡而致為病也，故有臨深履薄之戒曰，正襟危坐，正則不病矣，危則恐其易乎不正，以致其病也，余乃為留意

太極拳者告。豎起脊樑,豎起者,正若串珠纍纍,弗令其
傾倒而已,若緊張矜持,矯枉過正,皆病也,只要知其為
危,可矣,無以加矣。」

　　古時官宦人家,家規嚴格,長幼有序,庭訓規定,長
輩坐在太歲椅,晚輩則側坐在旁,且僅能坐在椅子前緣的
三分之一處。身姿挺直,正襟危坐也。

　　危者,亦心危也。譬如學生時代,老師在臺上講課,
嗜睡之學生則在坐位上坐著打盹,既想睡覺又怕被老師發
現,其心理本有不安之感。一旦有任何風吹草動,即馬上
從睡夢中驚醒。張大了眼睛,豎起了脊樑,並把頭擺正。
此動作與表情稱正襟危坐。又如孩童時代,三五成群的孩
子在田間玩纍石推高的遊戲,當石頭從大而小纍到相當高
度時,整根石柱會搖搖欲墜。此時小孩子會想以一隻手輕
輕地想扶住石頭,另隻手則拿起小石頭繼續堆纍,直到有
一方之石頭攤塌倒地為主。

　　此種想以一隻手輕扶將傾未傾的石柱,另一隻手繼續
堆纍之心理即正襟危坐矣。人體脊柱如纍石而上,時時以
正襟面對之,唯恐脊柱稍一不慎而傾倒,刻刻以「危坐」
扶將傾於未然。

　　高空走鋼索之表演,將兩手張開,頂頭豎直,以求得
身體之平衡,兩腳虛實轉換,每走一步均須踏踏實實地。
整個過程戰戰兢兢,身體不斷地保持平衡,如有任何鬆
懈,即危也。故此亦「危」字之一解也。訓練危字之身
法,為彌陀拜山式,此式可增強頂頭懸之意念。

　　識者所謂戰戰兢兢,如臨深淵,如履薄冰的心理狀

態，此即鄭宗師所謂「危」字，皆未敢直作危險之危字解。在當兵時長官要求坐在椅子的姿態，須挺直腰桿僅作椅面之前緣 1/3 處，亦正襟危坐之危矣。

精神能提得起，亦可作危字解，修練太極拳，宜存正襟危坐之意念，居安思危。譬如開車時，集中精神，聚精會神，腰桿挺直，注意前方路況。譬如拜訪長輩，將屁股坐在椅子前緣 1/3 處，將兩手放在大腿上，兩腳平放在地上。譬如靜坐盤腿時，收小腹，將兩手平放在腹前，均能感受正襟危坐，全身放鬆的感覺。站樁或行拳走架，以正襟危坐之意識，將重心放在湧泉處，自然能感知全身放鬆的妙處（詳閱第一輯 197 頁，湧泉鬆，全身鬆）

太極拳作為中國武術，以保命為目的，究其極乃以「致用不得已也，猶聖人之於兵，不得已而用之，其意正同，」故修練太極拳不得不以「危」字為出發點，保有「危」字之精神。

鄭宗師於簡易太極拳淺說亦曰：「學拳與人鬥狠，勝負固無把握，可為危矣，其幸也，兩敗俱傷，將焉益哉，若負更無論矣。」此「危」字義曰與人鬥狠，兩強相爭，你來我往不分軒輊，人人有信心，個個無把握，心危，臨危才能不亂，才能把握任何致勝機會。誠所謂哀兵必勝，驕兵必敗者也。

心理學論「危」字，建立有危機感之意識也，所謂驕兵必敗，善泳者溺。項羽烏江自刎，驕以致之。韓信胯下受辱，危以立之。然當其無危機意識時，終被蕭何誘殺。故才有成也蕭何，敗也蕭何之感慨。如能反躬自省，應

為：「成者，危立也，敗者，危失也。」

修練太極拳，必須有危之觀念，推手時，也須有「危」之意念，不求勝，先求不敗。人體是左右對稱的關係，受地心引力的關係，必須有平衡，正襟危坐的意識，才能立身中正，尤其在下盤面積極小化，上體搖動極大化的狀況下，更須有危然聳立之感。

【註】

❶何謂湧泉完全貼地？譬如將一個碗，倒叩在一張桌子上，由於碗的材質是硬梆梆的倒扣的碗，碗內充滿了空氣。所以能很輕鬆地將碗拿起來。如果換做一個橡膠吸盤，把吸盤的底朝著玻璃一按，吸盤馬上吸附在玻璃上，必須費力才能將吸盤拔除。這就是吸盤的底部與玻璃面形成無空隙之真空狀、在無空氣狀態下，吸盤完全貼附在玻璃上。人體湧泉如果能如吸盤般貼附在地上，就是湧泉完全貼地，就是腳底有根，入地三分。

有東西就是……有東西就能……

有一天，我在某家拳社遇到一位太極拳的同好，問我說：「護心樁要怎樣站？」我即示範了一次，然後請他照我之身法站好。當他將雙手舉起平心窩時，我輕輕地按了他的雙掌背，對他說：「師兄，你的雙手沒有東西。」這位師兄愣了一下，反問我說：「要怎麼站才會有東西？」我再按一按他雙手說：「這是丟，沒有東西。」他對我這句話的反應是馬上把雙手撐得硬梆梆的。我說：「這是頂，也沒有東西。」然後我扶住他的雙手慢慢引導他的意念讓他感覺到有東西。我說：「現在這樣才算有東西。」這時他才恍然若有所悟，輕嘆了一聲。我又說：「師兄，現在你又沒有東西了，又懈了。」

其實這位師兄練太極拳已經三十多年了，難道沒有東西？當然有，祇是不慎密，火候不到位，缺乏那份真實的體悟與實現。當我輕按他雙手時，告訴他這是頂，這是丟，他馬上從自己身上得到體悟，這就是太極拳默識揣摩的重要。所以有東西就能在不丟不頂中討消息。

有東西就是要有掤勁，有掤勁是由腳而腿而腰、行於手指，且掤勁不能太強，太強就形成頂，也不能太軟，太軟就形成丟，要在不丟不頂中討消息。有東西和丟或頂之間，祇有一線之隔。掤勁多一份太強，少一份太軟，都是沒有東西，必須掌握得剛剛好。這東西是由丹田氣出來

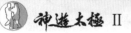

的，是意念的貫串，精神的專注，是心與氣相守於丹田，是主人翁在家否？

有東西不能祇是空房子，房子要有主人才能成為一個家。主人翁要時刻守著這個家，如母雞孵蛋然。如果主人翁時常不在家，整天無所事事，在外遊蕩。讓這個房子空蕩蕩的，怎麼能成為一個家呢？所以太極拳要有東西，就是主人翁要隨時隨地在意這個家，關照這個家。即道家所謂心腎交，求其放心。鄭宗師云「心脊並重」也。所以有東西就是主人翁要在家，不僅要在家，還要顧頭顧尾（台語），不能顧此失彼。有東西就能尾閭中正神貫頂，神貫頂者，虛靈頂勁也。

有東西就是身體要像彈簧圈般，別人按你雙手時，手祇是著點，必須要有腳底接勁，由上到下，再由下到上，都有彈性地接住對方的勁道。當對方把手收回來時，你的雙手也要不棄不離的跟上，不能丟，也不能頂。故有東西就是能沾連黏隨，能不丟又不頂，就是能沾住對方，黏住對方且要隨著對方。讓對方感覺你沒有東西，這才是有東西。有東西就是在推手時，能不丟不頂，能沾連黏隨，能隨曲就伸，能偏沈則隨，能如影隨形，能逆來順受。台語歌後江惠有一首歌的歌詞「呷你黏著著」，就是有東西。

有東西就要全身鬆透，要鬆腰落胯，落胯的感覺有如臀部要坐椅子般，自然垂直往下坐，不能翹著屁股往後坐，故有東西就是能落胯，定住腰胯，定住兩膝。　推手時，有東西就能主客同體，就能足心貼地，就能兩腳虛實轉換自如，就能鬆胯坐腿，就能開胯合胯，左開右合，

右開左合，隨勢欲如。就能直腰、轉胯，就能立身有軸，就能上下、左右、前後、六合如意。就能無肩、無臂、無手，就能頭正眼平，就能守住三平，內外三合俱足。就能上下相隨，內外相合。

有東西就是意要把頭掤到天上去，把手臂放長到無限遠處。有學員問：「老師，頭連接在頸部，如何把頭掤到天上去？」我說：「用意念掤，想像你的玉枕穴下方有一個托盤，把頭放在托盤上，往天上掤，此曰虛靈頂勁也。想像你的頭上百會穴處有一根線，有人把你的頭往上提，你的頭不由自主的跟上去，兩腳也隨之離地，這就是頂頭懸。在當兵時，長官在臺上訓話，整連官兵坐在台下聽訓，當長官講到領袖蔣公時，全連官兵馬上豎起脊樑，眼睛睜大，往前行注目禮，這就是虛靈頂勁。有東西就能尾閭向地，就能尾閭中正神貫頂。又想像你的肩肘腕如兩顆大西瓜，往托盤一放，托盤隨即往下鬆落。此即沈肩也。故有東西就是能虛靈頂勁、沈肩、能墜肘。手臂能放長，能隨湧泉鬆沈，讓對方感覺雙手沈甸甸的，自己也感覺雙手特別沈重。」

有東西就是當你站開展椿時，能開胯圓襠。意念在前弓步時，前腳如直往下栽植，前膝意念往前，後膝不可跟上。意念往後腿坐實時，前膝不可回來，前腳湧泉似被黏膠黏在地上。這就是有前則有後。有東西就是當你站川字椿時，重心祇准放在後實腳上，前虛腳要全虛，前膝尖意念要向前，且前腳底留一分意，有東西就是當你站平行步椿時，兩腳底要呈三分腳之腎形足弓，兩膝蓋要微曲微張

之拱形結構。

有東西就是虛實須有交代，要分清楚，動作不能拖泥帶水，但又須綿綿不斷，抑揚頓挫有緻。先求形真，後求意實，先求外，後求內，再求形意相輔，內外兼賅，陰陽相濟、開合有緻，有東西就是虛實能分得清。

有東西就是要肋骨下密，翅肘開腋。有位《神遊太極》的讀者來電問曰：「何謂肋骨下密，翅肘開腋？」肋骨下密者，喻人之肋骨有如裝在窗戶的百葉窗之葉片，當我們把葉片拉到窗戶上端的過程中，葉片由下往上一片片地貼合而上。此即為葉片有形之上密。人之肋骨能隨湧泉鬆沈，由上往下一根根地往下貼合，這就是肋骨無形的下密。翅肘開腋者，在肋骨下密的同時由於筋腱的牽引與伸曲，大臂則配合內氣的開合而往上，致腋下含虛，肘微曲，肘尖旁開，此曰「有上則有下」。比如南極的企鵝當他們回到陸地時，兩隻小翅膀隨著胖嘟嘟的身體在兩旁擺盪。比如鳥禽的翅膀，其肘節永遠是彎曲的。喻太極拳之行功走架，其肘節均須彎曲墜肘，如禽鳥之翅膀。

在分析翅肘開腋時，我說：「翅肘者，肘尖旁開微曲也。開腋者，腋下含虛也。在行拳走架或推手時，人類的兩臂需如企鵝之兩隻翅膀，要腋下含虛，似能含住兩顆蛋。肩要放下，兩臂懸住，兩肘要曲肘旁開。即鄭宗師所謂兩手腕與兩肘稍稍提起二三寸，成微弓形，惟氣要貫注左手心勞宮穴，與右腿相應。」

先師在教導開展椿第三式（摟膝拗步）時，要求前摟膝手須翅肘開腋，與後腳相應，道理在此。所以說，能操

作肋骨下密，翅肘開腋，也就是有東西。

尾閭中正者，即尾閭向地，臀部下坐，坐實，當實腳往下鬆沈時或平行步兩腳往下鬆沈時，尾閭要慢慢內收，像早期替嬰兒裹尿布般，由後往下向前裹起來，兩邊往外旁開再向前，最後三股在前腹中央會合，這就是尾閭向地內收的感覺。亦如在農地用圓鍬鏟土般，圓鍬刀肉是圓弧內裹狀。如果圓鍬垂直往泥地鏟土，必費很大力氣才能讓圓鍬刀尖深入土裡。所以農夫就以兩手拿著圓鍬柄微向腹前靠，圓鍬的刀尖微向前觸地，柄端與刀尖稍向下前斜。然後以左腳立地，右腳踩在圓鍬的刀肩上用力一踩，圓鍬刀尖馬上斜向深入土裡，鏟土就很省力。這就是尾閭向地內收的感覺，故有東西就是能尾閭向地內收，如幫嬰兒裹尿布，如農夫用圓鍬鏟土般。

有東西就要全身從下到上貫串、頭要懸、天庭要住、眼要平視（餘光向下）、鼻要正、舌要抵（舌根深藏）、齒要輕叩、唇要微閉、耳垂要重、下額要收、頸要引、肩要平放、肘要墜、腕要鬆、指要卷、胸要含、背要拔、脊樑要豎、腹要縮、腰要束、胯要摺、尾閭要向地、襠要圓、膝要定、踝要擴、湧泉要貼地、趾要伸、意要貫串、心與氣要相守於丹田（主人翁在家），有東西就是鄭宗師所謂的「時時莫忘那個」。所以有東西就是全身從上到下要鋪排妥當，一次到位。由外而內，內氣更要貫串，輕靈。有東西就是精神能提得起，則無遲重之虞。

有東西就是「一羽不能加，蠅蟲不能落」，楊露禪祖師和八卦掌董海川先賢在京城比武不分上下後，成為莫逆

之交。有一次兩人在郊外,剛好有一隻飛鳥從眼前飛過,董海川先賢眼明手快,順手一揮就把飛鳥抓在手上,然後對著楊祖師說,我把手中的鳥兒給放了,你是否能把它抓回來。說時快,祇見董海川先賢把手一鬆,飛鳥馬上要飛走。楊先祖師不疾不緩地,縱身躍起,一揮手又把鳥兒給抓回來,然後將鳥兒往掌中一擱,祇見鳥兒雙腳往手上一蹬,張開雙翅,想騰空飛走。但見楊祖師的手隨著鳥兒的蹬腳往下鬆沈,鳥兒就是無法騰空翱翔。董海川先賢見了嘆口氣說:「還是楊老功力高啊!」所以有東西就能隨感而應,隨勢鬆沈。

飛鳥要往天上飛,雙腳也必須有支點,才能借地之力,往上飛走。但卻在楊先祖的手上,鳥兒無法借力,可見楊先祖功夫之高深莫測,聽勁之靈敏。

這就是「一羽不能加,蠅蟲不能落」不頂之勁。所以有東西就能有不頂之勁。

有東西就能「腳步沈重,舉步維艱」。有如我們站在水裡,在水裡淌水,感覺水之阻力,每一舉步都感腳步沈重,步步遇阻力。所以太極拳的根勁俱根於此。

當實腳鬆沈下去,虛腳自然提起(非主動提起)但覺舉步維艱。但在兩腳虛實轉換時,實腳往下鬆沈,卻又感覺虛腳舉步輕靈,故有東西就能在體時舉步維艱,在用時虛實轉換輕靈。

有東西就能捨己從人,雙方沾黏,能接勁、能走化,必須有靜定,忍讓的心性。有靜定的功夫,才能將全身放輕鬆,儘量讓對方攻擊,我走化。那怕被攻擊十次,我祇

要能走化掉一次，都是值得的。如果祇想發人打人，或不想被人拔根，硬撐在那裡，全身就鬆不了，則非太極拳之要旨。所以，能捨己從人，不怕吃虧，就能有東西。有東西就是要懂得接勁，把對方的力量吸過來，往下由湧泉消化掉，如蛇吞食，其口必與獵物相接，接之重則卡住，接太輕則吞不下去，必須接得恰到好處，如水中漩渦，吸化任何漂流物，物體必須在漩渦的吸力範圍內，更如龍捲風能捲起任何東西再拋向空中，故有東西就能懂得接勁。懂得適時吸化對方的來勁。

有東西就能發勁，有的勁很長，有的勁很短，有的發勁如火燃毛，有的如錢幣投鼓，有的如子彈出膛。這是修練層次的問題，沒有對與錯，祇要知道自己到底有沒有東西，慢慢練，耐心練，細心練，就能拾階而上，超越層次，超越自己，最怕的是不懂得什麼叫有東西或有東西拿不出來用。最可怕的是把不是太極拳的東西當做太極拳的東西練，動手又用力。

有學員問：「老師，湧泉無根，腰無主，如何才能讓湧泉有根。」答曰：湧泉有根，這根是意念的根，是無根之根，譬如五禽戲的狐仙拜月，兩腳一上一下是翹翹板原理，左邊下是實，右邊上是虛，往上的虛腳是為下一次往下的實做準備，這一次的實也是為了下一次實做準備，絕對不是一次的結束，而是下一次實的開始，所以狐仙拜月往上的虛腳必須留一分意在腳底，與地底相連與下沈的實腳相互呼應。這就是有上則有下的最佳註解，所以有上就有下才是有東西，才能一動全動。

膝蓋受傷非太極拳之原罪

吾師曰：「膝蓋受傷非太極拳之原罪，練錯了太極拳，不懂太極拳正確的功法，才是膝蓋受傷的原罪。」

在公園裡運動，時常碰到許多所謂「打太極拳」者，最後都以膝蓋受傷收場而停止「打太極拳」。甚至於有些學了幾年的太極拳架就自以為懂得太極拳，而當起拳架教練，來指導別人如何打太極拳。最後本身的膝蓋受傷了。真是誤人誤己，也誤了太極拳。更讓真正的太極拳背了會讓人膝蓋受傷的黑鍋。

拳論所謂「斯技旁門甚多」，不懂得真太極拳要訣的太極操，才是膝蓋受傷的罪魁禍首。但偏偏時下練太極拳者，幾乎百分之七十左右都屬於這其中的一份子。當這群「打太極拳」者一旦膝關節受傷，去醫院找醫師診治，醫師的第一句話就問說：「你是打太極拳的吧？」甚至於有些醫師更勸患者說：「打太極拳不要太正確，不然你的膝蓋會毀了。」當我聽到這些言語，真為太極拳叫屈，太極拳何罪之有，為什麼要背上這個黑鍋。這麼好的中國傳統養生健康運動，被一群自以為懂得太極拳的人糟蹋得如此不堪，真是可悲。

因此，這幾年，我時常私下走訪各公園與公共場所深入觀察這群人是如何在教練太極拳，我發現一個非常可怕

的事實。因為有些在公園裡祇打拳架，不練推手的人，根本祇得太極拳之皮毛，甚至於根本不懂得太極拳的真正精髓。打起拳架來，頭是搖頭晃腦，兩眼東張西望，兩手隨意舞動。更甚者是扭腰擺臀，移胯挪臀，毫無定腰定膝的觀念。這種太極拳架，雖名之為太極拳，不如說是太極操還恰當些。也難怪，醫界會普遍認為太極拳會傷了膝蓋，以訛傳訛。

在太極拳的漫漫長河裡，有無數先賢為其耗費畢生的精神與心血，才完善地實踐太極拳的理論和技擊。三十七式鄭宗師謂「太極拳雖基於哲學，及見乎實用，而無不合乎科學，是可貴也，讀者萬不可疑其言涉玄微，而忽略之。」

太極拳一向以口訣與心法流傳於世，講究的是師傳徒受，默識揣摩，致留下了無法系統化教學的遺憾。如果未真正懂得拳理拳法之理論，傳者未授其妙，習者焉得其傳，致落「差之毫釐，謬之千里」之誤區，學者不可不詳辨也。

在拙著《神遊太極》保護膝關節一文，就是要提醒一般習練太極拳者，注意膝關節的負重，千萬不可將全身重量祇由實腳膝蓋負擔，而是要讓整隻實腳平均負擔全身的重量，這就是立身有軸，中正安舒的立論。也是「腎形足弓與拱形結構」的立論基礎。在平行步站立時或在弓步站立時，都必須要求手眼身法步的協調與平衡。吾師以「下實、中靈、上虛」來要求從學者，現在就讓我們來談談「下實」吧。

　　人類的足部結構是由數塊骨骼所組成的，其中包含足跟骨、舟狀骨、楔骨、蹠骨與趾骨。足跟骨是堅實的骨骼，用以承載全身的重量，但其緩衝擊性卻不足，而腳掌則分別由五根多關節的蹠骨與趾骨與肌筋腱所組成，具緩衝擊之功能。此部分的骨骼與關節結構較為脆弱。瞭解足部的結構並正確地使用它，已成為每位愛好太極拳者刻不容緩的事情。必須鍛鍊出強而有力的足底筋腱與足背肌群，使其具伸縮性，才能達到緩衝擊之效果。

　　在兩腳平行步時，如果我們在兩腳底沾滿了墨水，然後踩在一張白紙上，將兩腳外旋，兩膝微曲張，就可呈現出大拇趾的蹠骨是不著地的足弓。因此在白紙上會呈現出如香蕉狀的臀形腳印，稱此為「臀形足弓」。

　　我們仔細觀察剛學會走路的小孩，其兩腳是自然外旋的，既兩膝微外張，略呈O型腳的拱形下盤結構。太極拳之下盤在操作時，我們試著以小孩站立時之下盤結構將雙膝微蹲，以確認膝尖和兩腳第三趾尖是對齊的，且想像有條線從膝尖劃過腳跟，並穿過第三腳趾，此兩條直線是垂直於地面並互相平行。此時兩胯線會出現摺痕，這就是胯開襠圓，下盤最穩固的結構，我們稱此為「摺胯」。當胯根內扣，膝微曲微外張時，兩胯出現摺痕，此時上體即處於立身中正的狀態，我們稱此為「豎脊樑」。摺胯、豎脊樑、尾閭下坐、臀部坐實，這也是最容易養出太極彈簧勁的拱形結構。更是最不容易造成膝蓋受傷的膝關節結構。我們稱此種身形為「坐身」。

　　人類的膝關節則由股骨遠端，脛骨近端，腓骨近端和

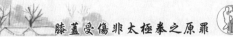

髕骨所構成，脛股關節通稱為膝關節，是人體最大的滑液關節，也是一個修正型的樞紐關節，其主要的功能除了負擔人體在站立時之體重的百分之七十五外，還承擔下體的屈曲、伸展，與兩腿內外旋之功能。由此可見其工作量與壓力之大。

三十七式鄭宗師在其黑皮書第四十頁攬雀尾左掤也特別強調，在弓步時，「前腳七分實，如直向地下栽植」的重要性。「如直者」與地面完全垂正也，這句話的意義是要求下盤在弓步時，前小腿必須要與地面完全垂直地往下栽。前膝必須與小腿在同一垂線上。縱使後腳三分活力，向前推進時，都不能移動前膝蓋。在腰胯左右捩轉時，左右膝關節也必須定住，不隨腰胯內旋或外旋，在坐實後腳時，臀部不超過後腳跟，且前腳須留一分意念，前膝不僅要定膝，更須有向前之意念。形成有前則有後的對稱關係。這就是定膝不傷膝的原理。

當尾閭引領上體下坐時，如果能修練到鬆胯，讓兩胯呈摺疊狀地鬆沈下去，膝關節就不會往前壓迫到髕骨（**祇有膝意向前，膝關節不可向前**）。行拳走架時，如果膝關節向前彎曲過度，甚至於重心在前實腳時身體向前傾斜，致膝蓋前緣的垂線超過第三趾尖，則全身的重量將壓在前腳的膝蓋上而形成「跪膝」，致膝關節荷負太重。久而久之，就會使膝蓋受到傷害。

行拳走架時，能夠體會身體結構的這些要點，以下盤拱形結構來支撐上體，兩膝微曲外張，兩腳底就能呈現腎形足弓。平行步時，兩腳左右虛實轉換在尾閭，股骨上端

「大轉子」之外側不得超過左右腳掌外緣。弓步時，兩腳前後虛實轉換亦在尾閭，重心在前腳時，前腿膝蓋之垂線不得超過其第三趾之第一根節。

坐實在後腳時，臀部外緣之垂線不得超過後腳跟。且在虛實轉換的過程中，必須直腰、鬆胯、定膝。此稱為「體不離位，力不出尖」。如此才能保持上半身的立身中正。據此原則，行拳走架就不會將全身重量全放在膝蓋上，也就不致傷害到膝蓋。

單鞭式為例，單鞭式是右實腳鬆沈後定住，左腳變虛隨腰胯向左轉90度。此時，如果右實腳膝蓋隨左胯向左捩轉，將極大化地傷害到右膝關節。正確的操作，是右實腳鬆沈，定住右腳之腰、胯、膝，左虛腳向左轉90度，形成左弓右箭的單鞭式，當左腳由虛變實，向下鬆沈時，右腳變虛，腳尖隨腰胯扣45度角時，是由右腰胯帶動腳尖內扣，絕對不能以右膝內旋來扣腳尖，切記。

太極拳即名之為拳，就與武術技擊脫不了關係，太極拳武術即為特殊的技藝，必須遵守先賢所留下的正確功法，瞭解其體與用之要訣，才能得到真正的健康。而不致傷害身體的各項機能。

做為太極拳的愛好者，在瞭解體用後，才能進一步往推手方向邁進，離開推手就不能成為太極拳。推手與拳架是相通的，是必須體用兼俱的。透過正確的行拳與推手的訓練，才能超越自我的健康而達技擊之效果。

自從民國六十七年與吾師學拳迄今，時間如白駒過境，匆匆三十餘年，從沒間斷過太極拳的演練，縱使在最

繁忙的時刻，晨起打一趟拳，走一下熊經，均能讓身心舒暢無比。也從來就沒想過或遇到過膝蓋受傷的問題。拳理至明，誤者自誤，明者明矣。

　　吾師在教學太極拳時，常耳提面命地說：「萬丈高樓平地起，欲蓋高樓先固基。」唯有對下盤多下功夫，才能走化自如，茁壯內勁。唯有骨實筋柔才能固基，固基者，下實也。此篇之主旨，目的在澄清時下不識者對太極拳之誤解，我無意指控任何人之不是，願這篇文章能帶給初學者一個全新的啟迪。也希望普羅大眾愛好太極拳者，能有追求事實的勇氣，也才不會玷污了先賢所留下的這塊瑰寶。

　　綜合以上，就能瞭解下盤的正常操作，影響身體健康與機能甚鉅。尤其是膝蓋受傷，更是健康惡化的元兇。吾人在學練各項運動時，能不慎乎？

談太極拳功的感染力與滲透力

吾師曰：「無論功架或接敵，都必須真靜與真鬆，且以沾黏聽變為首務，絲毫不可有輕敵或大意亂動等不良風格，養成高度風範，即道風以及正大光明之美德，絕不在為勝負暗使小技，因推手乃志在滋長道技，然可進而與世無爭，這是精求體用及健身強國之目的。學者宜惕。」

孔子曰：「吾死之後，則商也日益，賜也日損。

曾子曰：「何謂也？」

子曰：「商也好與賢己者處，賜也好說不若己者。不知其子視其父，不知其人視其友，不知其君視其所使，不知其地視其草木。故曰：與善人居，如入芝蘭之室，久而不聞其香，即與之化矣。與不善人居，如入鮑魚之肆，久而不聞其臭，亦與之化矣。丹之所藏則赤，漆之所藏則黑，是以君子必慎其所處者也。」

此出自孔子家語六本第十五，孔子對曾子說：「我死之後，子夏的學問會越來越好，子貢則會慢慢地退步。」曾子聞此言心中充滿疑惑的問說：「這是為什麼呢？」

孔子說：「子夏喜與比自己賢德的人相處，而子貢卻喜歡和不如自己的人在一起。所以說：觀其人視其所為，這是識人的基本概念。故說，不瞭解兒子的舉止時，可以視察他父親的行為。不瞭解一個人，可以視察他所交往的

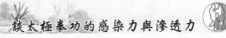

朋友。不瞭解國君的德行與能力時，可以看看他所使用的人，不瞭解這個地方的的土質，就看那裡所長出來的植物。跟正念的人在一起，就像進了種滿芝蘭香草的房子裡，呆久了自然就不覺得有花香。因為在不知不覺中已被他潛移默化了。如果跟心念不正的人在一起，有如走進賣魚的店鋪裡，呆久了也就不覺得魚的腥臭味。因為在不知不覺也被汙化了，這就是所謂放珠砂的地方，其顏色會被染成紅色的，貯藏漆器的地方，也會變成黑色的。此云：『物質有相互滲透力，人的行為有相互感染力。』因此，有德行的人必須謹慎小心地選擇自己的居住地，與志同道合之夥伴。」

孔子此銘言，說明環境對人均有潛移默化的作用，人與人之間也會相互感化，相互影響，而形成惡的共識或善的共識，此「近朱則赤，近墨則黑」也。與什麼樣的人相處，你的德行往往也會被其所感染或影響。故孟母慎所居，斷機三遷，目的就是為孟子選擇良好的成長環境。所謂蓬生麻中不扶也直。朱子弟子規亦曰：「能親人，無限好，德日進，過日少。」《論語》：友三益三損之說，都在述明人的舉止行為有相互感染感化之作用。

學習太極拳功法，是需要默識揣摩的，選擇德行好的老師與拳伴，慎其所處就顯得格外重要。因為祇要一步錯，就步步錯。設你的最終目的地是向東十公里。如果老師指引你錯誤的方向，而向西走十公里，就離目的地越遠，要再回頭必須花雙倍的時間，費加乘的功夫，才能走回原點，再往正確的路前行。

　　拳論云:「本是捨己從人,多誤捨近求遠,所謂差之毫釐,謬之千里,學者不可不詳辨焉。」捨己從人即不以自己為中心,放棄主見,不以勝負暗施小技,推手是求鬆、求健康,如果一個團體裡太多份子為了勝負而使陰,寧願趁早離開,以免日久受其同化,而走向爭強耍狠的個性,違反太極拳的理論基礎,永遠練不好太極拳。

　　假如你所跟隨的老師是位爭強好鬥,根本不懂得鬆之真義與沾黏聽使之精神,從其所學,久而久之,必養成攻擊取勝的個性。或其所教的徒弟都是爭強好鬥者,無形中你就會被老師與拳伴所影響而不自知。有的拳師,在與人切磋推手時,為了贏,甚至於會背後使一些小動作。如果想贏的念頭太重,心性放不下來,肌筋腱就無法放鬆,氣也上浮到胸口,也會阻礙太極拳藝進步。

　　此種想贏的念頭一旦深植在心裡,養成習慣,即使能勝人於一時,無法去體會捨己從人、學吃虧的真諦,終歸無法學到太極拳的精髓,也終將阻礙太極拳功法的進步。

　　先賢常云:「外家拳,三年成。內家拳,十年功。」道理在此。常人謂:「種瓜得瓜,種豆得豆。」如果你把一顆大豆種在土裡,以後長出來的一定是豆,不可能得到瓜。把瓜的種子埋在土裡,灌溉、修剪、照顧、施肥,讓瓜藤慢慢擴散,終至開花、結果、蒂落、成熟,就能收成甜美的瓜果。如果你把太極拳當外家拳練,抱著求一招一式的技藝,以用力勝人的心,永遠得不到太極拳道的功夫。抱著一顆虔誠的心,修心養性地練太極拳功,才能得到太極拳道之捨己從人,學吃虧的真精神。也才能嘗到

「求其放心」之甜美果實。

太極拳是一種感染感化的拳，在這個群體裡，如果大家都養成學吃虧，捨己從人，不爭強好勝的心態學習，無形中就會互相感染群體每一個分子，形成一種風氣，風行草偃。獲得高層次的鬆靈，鬆妙功夫，鬆才是太極拳的真精神。今天你們做不來，並不代表以後都做不來。鬆是漸進的，是有層次的，由肌筋的鬆柔、關節的鬆開、腰胯的鬆落、到全身的鬆沈到意念的鬆淨，如剝洋蔥般一層層剝開，終能體悟核心功夫。

推手時，身體著點的鬆定，鬆靈、鬆妙。如果能從師身上體會。雖然目前無法做到與師同層次，並不表示以後永遠辦不到，祇要你有心，就能體會高層次的功夫。並在你自己的身體裡埋下一顆太極的種子，終有一天會發芽萌長。難怪張三豐祖師遺訓曰：「欲天下豪傑延年益壽，不徒作技藝之末也。」

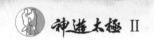

太極拳的真精神

　　吾師曰：「除根據易理與老了專氣至柔有關外，用以儒家之正心，釋家之崇虛，道家之無為，至宋末張祖師三豐觀蛇鶴之用，恍然開悟，深知柔能克剛，而把一切精神熔為一爐，精編而為五行八卦十三勢。」

　　太極拳為一種武術，中國人造字，止戈為武。然武術不是用來技擊打鬥的嗎？怎麼變成止戈才是武術的真精神！這就是中華文化瑰寶之一，也是太極拳能風行全世界的原因。

　　太極拳做為一種武術其最終的目的，還是以求勝為目的。以現在人的觀點，身體健康，能在這詭異多變、流行病到處蔓延的世界裡，健健康康的生存，才是太極的求勝真精神。

　　然在修練太極拳技擊推手的過程中，我們的老祖宗要我們捨己從人，學吃虧，這不是與武術精神背道而馳嗎？其實不然，老祖先的智慧是值得我們欽佩的。因為太極拳是必須以逸待勞，以靜制動的。是後發先至的拳術。要做到後發先至，一定要有捨己從人的精神。

　　老子道德經曰「反者道之動，弱者道之用」，「易者變易也」。十三勢行功心解亦曰：「極柔軟，然後極堅剛。」以現代人的語言謂「反向思維」。老祖先勸我們修

練太極拳要捨得丟掉身上的一些束縛，放掉主觀的思維。先把茅草屋拆掉，才能在原地建造起鋼筋水泥的高樓大廈，如果捨不得將茅草屋拆除，祇在其內部外表修繕，永遠還是茅草屋一間。一隻毛毛蟲要經過數次的脫殼，才能蛻變成一隻炫麗的彩蝶。但小雞養大了，還是雞。

故太極拳是進化拳，以鬆為目標，反其道而行，把身上一些不必要的東西完全捨去，才能不斷的進化，才能成就太極拳功。

一般武術，永遠是拼命地往自己身上加東西，企圖把功夫練上身。也許年輕時，三、五年內就能練出六塊肌，成就力大如牛，身手敏捷的硬功夫。

然而隨著年齡的增長，力氣沒了，身手也不敏捷了，肌腱也鬆垮了，年輕時所練的功夫，到老了一點都派不上用場而落得一場空。

不同的思維，造就了內家拳法與外家拳法的差異化，結果也迴異。也許好勇，鬥狠的功夫，短期確實能鍛鍊出功夫來，但隨著時間的累進，差異性也會慢慢地顯現出來。

太極拳的真精神也是「地天泰」。就是先練鬆柔走化，才能增長功夫，如果祇想到攻擊，想佔便宜就很難練出勁力來，故太極拳的真精神就是捨己從人。把攻擊的意念完全摒除，功夫才能上身。

太極拳的真精神為少則得，多則惑。不能祇偏重形式、招法，不能以能學多少套路來評鑑。沒有把真正的功夫學得透徹，表面看起來，架勢十足。而無紮實的基本

功為依據，到頭來沒有學到高層次的功法，只會些華而不實，毫無實際武術價值的花拳繡腿。故曰：「練拳不練功，到老一場空。」

太極拳是用意不用力的功夫，不管是化、拿、打、發，任何運動，都會牽扯到用力。對於初習太極拳者與其要他不用力，不如要他少用力。如何思考任何動作，在最省力情況，發揮最大的功效。

其實在我們的日常生活中，人類的進化史上，我們也一直在追求省力的方法。譬如人類從四腳爬行進化到兩腳走路、騎馬、坐馬車、自行車、機車、汽車，無一不是進化追求省力的結果。

早期農業社會鄉村裡過年過節時，會做甜點、年糕在自家的後屋簷下以石磨磨米漿，人們在轉動磨盤的石磨上，加了一隻把手，再用繩子把這推動石磨的把手吊懸在屋樑上，用這把手推動石磨來磨米漿，以此方式來推動石磨就能省掉很多力氣。

如果我們把它應用在人身上，全身若懸鐘，此即頂頭懸也。精神能提得起，行拳、推手都很省力。所以能頂頭懸也是太極拳的真功夫。

又譬如滑車原理，即利用圓轉理論把力點與支點加長來吊起重物，如絞肉機之滾軸。滾軸留下螺旋凹槽的空間，就容易推送絞肉，這就是空的原理。

不用力才能走化。把自己想像是一團麵糰，對方就是揉麵團的師傅，任他如何搓揉，我都不用力抵抗，隨曲就伸。經麵糰師傅不斷的搓揉，麵糰的筋度也愈來愈強。如

果我能如麵糰般，任對方「巨力來推我，都不予頂偏丟抗」，則走化的真功夫也會越來越好。

太極拳是練鬆的功夫，但鬆絕對不是軟趴趴、鬆垮垮的鬆，而是精神能提得起的形鬆，是意氣換得靈的心鬆，是心凝神聚，眼神內斂，斂氣凝神的鬆。在用時，能不戰而屈人之兵，有著攝人心魄的氣勢。是不爭強好勝，揖讓而升的武者修養，所謂善戰者不鬥，善爭者不怒，這就是太極拳的真精神。

太極拳之功能，旨在引勁導氣，故其體也柔、其動也緩、其定也穩、斂氣凝神，能柔則勁不呆滯，能緩則氣可均勻，能定則間架可整。

扭轉、纏繞、拉牽、融合，發於內而動於外，臟腑神經、五臟百骸、俱能鬆開、一動皆動、一靜皆靜、相與為用、感應互補、內外合一、表裡融貫。

在吾師給我們的手稿中，有一段語錄曰：「恩師，曼公常昭示我：「孔子說：立人之道，曰仁與義。」又云：「他談張三豐全集，他不在人家面前談拳或言道等，見人就勸人，要談四詩五經，為人祇有以仁與義二字為中心基本思想，為人永遠站得穩，學拳的意義在此。」

此銘言，摘自《易經‧說卦》：「立人之道，為陰與陽，太極賴陰陽以成象。立地之道，為柔與剛，太極賴柔剛以成質，立人之道，為仁與義，太極賴仁義以成德。」學習太極拳亦是學為人之道，學修心養性之真精神。

太極的真精神就是不要隨意批評別人，要嚴以律己，寬以待人，論陰陽，講仁義，以謙虛的態度面對對手。必

須建立時常反省自己的態度。常見兩人推手時，互相指責對方太用力而起爭執。

記得先師曾說過一個軼事。有一位師伯在外面與對方推手被打出去，回來向宗師報告說：「對方手太硬了，太用力了。」結果宗師回答說：「如果你手不硬，如何知道對方太硬，如果你不用力，怎麼知道對方太用力。」這就是太極拳反求諸己的真精神。

對拉拔長

　　楊派太極拳心法在身形，身法，意念與勁路等有對拉拔長之要求。值得修煉太極拳者探討。人體以脊柱為縱座標，以腰胯為橫座標，上下、前後、左右、四面八方均須呈對拉拔長之勢。頂頭懸往上，足底敷地向下，對拉拔長也。脊柱得中，「兩肩臂懸其兩旁，其所繫之筋絡，鬆柔猶玩具之洋娃娃」。此兩手臂左右之對拉拔長也。開胯、圓襠如拱形結構，襠勁仍能下沈。足心貼地似植根入地下。此兩腳對稱之對拉拔長也。❶

　　早晨醒來，不妨躺在床上，先伸個懶腰，做第一個對拉拔長、舒伸全身關節的動作，以預告一天的開始。修練太極拳的第一要訣就是練身形，身形的開展，會讓身心頓覺舒暢神舒體鬆。然而，人們常因長久的不良的生活習慣而造就了變形的人體，譬如佝僂、駝背、歪頭、仰頭等，就應運而起，必須把這些不良姿勢透過修練先予矯正，養成立身中正，對拉拔長的良好習慣，才能使內臟得到溫養健壯。

　　太極拳的鬆柔，是很好的養生法，可令神經、肌肉、筋骨舒展開放，氣血通暢無阻，神采奕奕，增進身體健康。在武藝上能展現內在的膽識與外在的氣勢，內斂而凜然，溫文中含攝威儀，無慮無懼，所謂外示安逸，內示精神，此仍精神與形體之對拉拔長也。

　　對拉拔長者，頭部的要求是頂頭懸，豎玉枕，收下額。兩眼平視，頸部自然虛提。以食指尖頂住下頜，使頭不後仰，百會意念向前，感覺後頸貼衣領，腳底立地生根，兩腳腳底湧泉有如八爪章魚之吸盤吸住地面。則為虛靈頂勁，湧泉貼地之縱向對拉拔長，護心椿的第二式是訓練身形縱向對拉拔長的最佳功法。

　　對於操作身形縱向與橫向的對拉拔長，首須從腰胯開始。腰是人體的中心點，為人體承上啟下之中心座標，上承及頭頂百會，下達於兩腳湧泉。

　　太極拳之身形要求，頭頂懸，垂脊正直，立身中正，內氣才能安舒。氣沈丹田，才能引先天之氣，由百會入泥丸，而下達丹田，此謂承天之氣。下鬆到兩腳湧泉。以腰為中心，上下對拉拔長，身如懸鐘，兩腳似老樹盤根。此謂接地之力。

　　承天、接地的意念必須同時並存，身形之修練猶如一顆樹苗成長的過程，往下紮根，往上萌長。大自然界的植物，把種子埋在地裡，它就懂得往下紮根，向上萌長。當種子由小苗到長成綠樹成蔭的大樹，其樹根紮得愈深，樹幹就愈挺直，樹葉往上愈茂密。植物的向下紮根，向上萌長，就是對拉拔長的表徵。

　　沈肩墜肘為橫向之對拉拔長，如手掌向前伸展，意遠勁長，並要求肩往下鬆，肘往下墜，肘節屈而不直，手往前伸，兩手向左右或上下分開，方向相反而互相呼應。猶如打開一把傘般，每根傘骨之對向均有一根與之相對稱之傘骨，才使得傘面圓撐，形成四面八方之對拉拔長。

故石覺將軍[1]曰：「出掌要沈肩，踢腳要收胯，使發出之力與收回之力向相反而量相等，則對方所受之力不減，而自身所受之力為零，以保持重心穩定，與力學定理不謀而合。」以此析之，出掌要沈肩，踢腳要收胯，亦為臂與腿之對拉拔長也。

涵胸拔背，為胸與背對稱之對拉拔長也，自然的鬆胸與固氣的挺拔舒背。頸椎往上豎直，兩肩往下平放，頸與肩有上下對拉的感覺。涵從水部，喻水能含物也，如船入於水而水能含能容之意。引喻太極之圖像，陰中能含陽，陽中亦能含陰，陰陽相容相濟。胸能涵就能包容一切外力的衝擊，並能將對方的來力引進，使其落空而消失無影無蹤。涵胸是涵而不挺，兩肩往下鬆沈，兩鎖骨微向前合，胸部自然內涵，左右兩胸肌往中收束，讓背拔起，才能使氣沈於丹田。

人在放鬆時，胸椎當略往前懈，這是自然生理鬆懈結構使然。但如此會造成不是背肌過度緊繃，就是胸肌自然懈弛，上軀向前下塌陷，久而久之，會讓背肌因緊繃而鬆弛無力，致失去彈性。強而有力的背肌才是維持脊柱挺拔垂正的最有力依靠。涵胸祇要鎖骨稍往前，肩胛骨由兩旁向前微含，肩胛肌群往下放，頸脊拉直，收下額，百會略往前，脊柱得中，縮小腹前使胸肋骨依次由上而下地向下往後收，使每根肋骨垂正[2]，使背肌得到舒展，如此就有利於全身氣血的運行。全身如此放鬆，下盤樁功自然穩實，此曰胸部四面八方之橫向對拉拔長，即肩、胸、背四面八方之對拉拔長。

脊柱鬆沈豎直，脊關節，節節鬆開，脊骨得勁，氣沈於丹田，襠勁下沈，足底勁似植根入地下，而頭頂百會穴始終虛靈上頂，這是虛靈頂勁，氣沈丹田，提頂吊襠的練法，有上下對拉拔長的作用。

這時，上身則含胸拔背，大椎拔起，小腹內收，背後腰脊之命門穴圓束，脊柱節節鬆沈而又節節虛靈，尾閭前收，這是軀體在正直狀態下，保持脊柱節節鬆開，上下對拉的曲中求直之自然狀態。膝關節曲旁而不直，足底外緣平實踏地，其勁如植向地下生根，而又勁起腳底，加強地面的反作用力。此荷葉羅裙一色栽，芙蓉向臉兩邊開也。

有左就有右者，懸臂如隨風擺柳，掌如錘，手覺向前，肩意往後，此手臂之對拉拔長。兩手向左右或上下分開或向中心合勁，方向相反而互相呼應，亦是對拉拔長。兩腿之胯根內扣，兩前胯後褶，兩膝尖微曲並左右旁開，形似曲、意要直，此乃下盤貫串之對拉拔長，故對拉拔長乃意、氣之勢動也，也是對稱、平衡、循環之形動。

兩足的胯根內扣，兩膝尖各向外側方向使力，則是在纏繞旋轉中之對拉拔長。屈中求直可以說是太極拳的身形始終貫穿著對拉拔長的一特殊規律。

應用在推手的黏化上，身法中正地掤住來手，脊柱鬆沈直豎，隨襠步轉移，隨著軸心旋轉，讓中不讓上下地引化來力，腳勁植入地下，腰襠則在轉換纏繞，使對方感到退之則愈長，進之則愈促。

記住，後虛腳向前邁進時要輕靈，要有如履薄冰，如臨深淵的感覺。下盤的操作是先放開髖關節，依次膝關

節、踝關節、腳背、腳底板完全放鬆，以湧泉為支點，以腰胯負擔上體之重量。

有上就有下，有前則有後，有左就有右之對拉拔長，對身形，意念而言，此六合勁之對拉拔長是不可分割的，如果分割了，拳論之無凹凸，無斷續，無缺陷就顯得毫無意義了。

對拉拔長應用在推手的黏化，脊柱要豎直，立身要有軸，要定腰定膝地走勁。要身法中正地掤接來力，唯有具掤勁才能掤接來力。掤勁為十三勢八法入門之根基，掤者手意不能太硬、太澀也不能太軟。但也不能一昧的強調鬆，而不得鬆之要訣，往往由硬變軟而非鬆。鬆是必須有掤勁的。

初習掤勁，亦需瞭解有掤勁亦能表現出對拉拔長之勢。掤勁須有雙向力，直力時的作用力與反作用力，渾圓勁時的內聚力與外張力，開中寓合，合中寓開，才能達交叉旋轉，循環不已之境。

太極拳要求一動無有不動，由腳而腿而腰，完整一氣。要求做到上下相隨，內外相合，節節貫串，連綿圓活，始終保持整體性的對稱與平衡。正所謂如意要向上，即寓下意，如意向前先挫後，上下左右相吸相繫。處處、時時均呈對拉拔長，支撐八面之勢。

運勁如揉麵團時在麵粉加水合成糰，將整塊麵糰經揉搓、按壓、摔打，如此往復摺疊地搓揉麵糰才能變得韌而有筋，極富伸縮彈性。運勁又好像鍛鐵成鋼般，將生鐵加熱軟化，經摺疊鍛打，反覆千萬次，如此千錘百煉終成極

堅剛柔韌之鋼鐵。

在揉麵糰要摺疊前,必須將麵糰對角拉開,拉長,延展開來,才能再次反覆摺疊。鍛造鋼鐵亦須反覆摺疊來鍛造,才能去蕪存菁,其理相同。

發勁時,使內氣在體內對拉拔長,反覆摺疊,使肢體相對地以八方延展,是先求開展,後求緊湊的動力學原理。也是肢體配合內氣,形成對拉拔長之勁力。

「立定腳跟豎起脊,懸住頭骨舒頸椎,拓開眼界放平心,擴展腳踝動軀體,手欲向前身挫後,胯進肩退使腰勁,神意守遷行百路,腰腿換勁應萬端。」前賢這首太極詩,將對拉拔長的心法描述得出神入化,所謂腳手相隨,周身一家,身法聚整貫串,精神內守凝聚,則何處非對拉拔長,何時非對拉拔長,打手歌曰:「滿身輕利頂頭懸,牽動往來氣貼背。」道盡了身法的對拉拔長之妙。

前賢謂太極拳的鬆有如「棉裹鐵」,勁似「棉裡針」,意指外柔內剛,是練到斂氣入骨之骨堅肌鬆柔而非軟。如果棉花是蓬鬆的,當鐵裹上棉花時,內裡有剛做支撐而不塌。有如骨頭外面裹著肌筋腱般,表面蓬鬆內實堅剛。故盤架時,須守住間架不散,刻刻留意。意是頂天又立地,是上虛、中靈、下實之對拉拔長的綜合體。

習練栽根法時的對拉拔長❸,須曲膝落胯,氣沈丹田,先坐實右腳,利用右腳的鬆沈,牽動左腳自動抬起,即虛提左腳,輕輕邁出。先讓左腳跟輕點地,依次腳掌、腳趾再讓整個腳底板貼地。然後將重心移至前左腳(移根),當前左腳踩地至全實時,為小腿如直向地下栽植,

使小腿垂直地面，左膝尖之垂線與中趾根節對齊。左前實腳定住時，後虛腳須留一分意（此為陰陽相濟也）。再利用左腳的鬆沈將身體重心完全落於左腳湧泉。由左腳負擔全身之重量（此為定根）。

栽根時是讓左前實腳完全鬆沈到地裡，讓右後虛腳跟抬起至跟根朝天。形成右腳尖輕點地（此為栽根）。然後左實腳再往下鬆沈一次，讓右後虛腳被動盪回左前實腳跟後面（再栽根）。

俗語說：「中定才能轉動自如」，在栽根後，此時的身體從上到下處於完全之中定，立身有軸，腳底完全契入地底，我們祇有以意念控制踝關節的轉向，就能輕鬆地完成轉根，然後再向前邁進至右前方至右腳跟輕點地，如此左右互換五十次，栽根法對長根勁可收立竿見影之效，學者不妨潛心修練。

邁步如貓行之對拉拔長，是形容太極拳的步法。即八門五步的五步，前進、後退、左顧、右盼與中定。雖然邁開大步，但須如貓走路無聲無息。

貓，自古即為人類所豢養，故人可以近觀察貓的走步，為何能無聲無息，所有貓科動物都一樣肩膀少了肩胛骨的牽制，故它們無論在奔跑或高處跳下，肩關節均能完成最大的緩衝，行動敏捷，縱使從高處跳下來，都能迅速轉身平衡著地。在步法的操作上，能分清虛實。實腳踩穩，虛腳被動提起與踩下。

平常成人走路，兩腳有意識地抬起膝蓋，是利用移動時所產生的慣性移動雙腳，兩腳並無虛實之分。在這種狀

219

況下，重心並沒有完全落實於腳底，讓下盤穩實。而小孩則以尾閭為支點，利用髖關節的虛實轉換，移動雙腿，產生動盪，太極人亦如是。

移動時全身不可左右擺動，祇能利用兩腳轉換虛實上下起伏，必須有如高檔汽車行駛在平坦的大道上，車內的人絲毫不感覺汽車的移動。要立身中正，步伐宜穩宜輕宜慢，有如貓科動物再狩獵時發動攻擊前的伏身潛行。在兩腳虛實的變換當中，步伐的移動，如能遵守前進時，前腳打實，後腳輕提。然後再向前輕輕貼地，慢慢踏實的原則，就能練就太極拳紮實的下盤功夫。

此為先師之栽根法，也是訓練外示精神、內示安逸、對拉拔長的訓練法。

精神者，意識思維所呈現於外之情緒與神采。簡單地說精神即思想的外現，一般均指正面的情緒思維，精神決定內裡氣機的強盛與衰竭。

太極拳的行功運氣，可促使神經活絡、骨堅筋韌，血液循環暢順，代謝正常，故有固精凝神，內壯臟腑之作用。所謂精神，乃精、氣、神之外現也，神依形而生，精依氣而盈，積精而生氣機，積氣而顯神明，三者交互為用。精、氣、神，人身三寶，精有先天之精曰元精，乃生而俱有，後天之精稱精力，兩者在體內生化交融而生精神。神者先天元神，與後天之識神。精氣神共為之互補，相輔相成，以後天養先天，先天輔後天。精、氣、神能對拉拔長，猶如我們把人體臭皮囊喻為皮球的外殼，當皮球充滿氣，氣向四面八方，將皮囊撐圓時之對拉拔長，此球

就可在地上滾動。

我們把一個氣球充滿了氣再灌滿了水，大力將水球拋甩出去時，水球會因水的慣性運動原理將汽球拋出的力量往前，水的重量往後，使汽球由圓形變成橢圓形，此慣性之對拉拔長也。當水球前端撞擊到障礙物而停止，後端的水因慣性而繼續前進形成擠壓力，將水球擠壓成扁圓之碟形，這就是前力受阻，後力未止，所產生動盪勁的原理，也是隔山打牛氣機之原理。

故一部大卡車高速前駛，然後剎車甩尾，把人撞飛，此乃單向力，利用物體高速移動的單向能，非對拉拔長之太極勁。此均為撞勁。發勁是須先以丹田氣接住對方的來勁，然後利用己身之鬆沈與彈性等屈伸原理，把人彈飛出去，亦是一種有前就有後，對拉拔長的勁力，如此才是太極發勁。被發之人，不痛不癢，毫無遭重擊之感，心中更有一股舒透感。此種對拉拔長之發勁，是人體經磨練後無論對方從哪個方向擊來，都能叫人騰空飛出，達到「拳無拳，意無意，無形無象」的太極勁境界。

欲達此境界，必須把內氣練成內勁，放人時要有內勁，沒有內勁就不能談推手，此內勁是丹田發出，貫於指梢，再由指梢回歸丹田，功夫的深淺是由丹田中內勁的大小決定。要練到內勁貫經絡，內勁貫臟腑，貫全身，內勁充盈則隨心所欲，與人交手，意到，氣到，勁自到。故內勁在體內的迴盪亦為對拉拔長也。

馬達加斯加之狐猴，從這顆樹跳到另棵樹，以腳掌撐樹幹，兩膝張開，然後再合兩膝，將身體送出。觀青蛙在

水中游泳或陸上跳躍，兩膝旁開，兩小腿前收，然後兩腳往後一蹬，身體往前，其身體均呈對拉拔長之勢。

小時候，農村到處都有魚塘，養魚，每到農閒時期，大人們都會帶著一張魚網到魚塘捕魚，魚網是麻線編織成的一個傘狀，傘的底端四周掛滿了鉛塊，大人們每撒一次網，拉回來補到魚，將魚抓取後，在下一次撒網之前，都會重新把網與鉛塊一摺一摺的理順，然後再做第二次的撒網。

在撒網時，腰勁好的人，才能將網撒得很開展有如天女散花般，亦如張開的降落傘般。腰勁不好的人，撒網時，網幾乎是垂直落水，魚網張不開就落水是抓不到魚的。這種原理與太極拳的勁有異趣同工之妙。

假設人體筋皮肉是網的主體，如何讓網張得開，必須加了鉛塊（意的引導）達舒筋理腱之作用，讓筋腱拉緊才能有向外展開的動力。將力轉化為發勁，就如網的下端有鉛塊的外張力才能張開般。所以太極拳無論是形體或意念，均須如撒網一樣，同時向四面八方開展。如拳論云：「有上就有下，有前則有後，有左即有右。」此六開六合需同時到位，仍能面面俱到。此為四面八方之對拉拔長也。

【註】

❶對拉拔長與對拔拉長，均指舒筋活節，意念之開展，脊柱之挺拔，四面八方，圓活之趣，譬如展開的降落傘，打開的雨傘。身如琴座，意如弦，琴座兩端把弦拉撐，弓背把弓弦拉開，均有對拉關係，亦可稱為對拉的意

念。太極拳之形體或意念能如是，則能領會節節貫串之妙也，拳經論最能詮釋此種關係之銘言者為「有上就有下，有前則有後，有左就有右。」「如欲向前先挫後」「如意要向上，既寓下意。」諸者可深思焉。鄭宗師，承天之氣，接地之力亦含對拉拔長之意。

❷縮小腹，尾閭前收，不使盆骨前傾，目的就是把前胸肋骨底部向下和向後移動，將腰背部拉平。就能達到脊柱垂正，肋骨下密的效果。

❸走鳥伸步時，實腳鬆沈，虛腳被動向前邁出時，虛腳跟要先著地再依次由腳掌、腳趾著地。但行勁（經）步時，在實腳鬆沈，虛腳向前邁出時，虛腳須以整個腳底板平鬆同時敷地。請確記此原則。

雙重是病

吾師曰：「任何強敵，切記自己不可有雙重，雙重則滯，身陷險地，形成鬥牛式，以力比力，實取敗之道，不可不慎思焉。」

拳論云：「立如平準，活似車輪，偏沈則隨，雙重則滯，每見數年純功，不能運化者，牽自為人制，雙重之病未悟耳。」三十七式鄭子太極拳強調「重心祇許放在一隻腳上，若兩腳同時用力就是雙重」。這句話不僅適用於拳架，更是推手時必須具備的條件。因為祇有把人體的重心完全放在一隻腳上，才能立身有軸。拳論云「偏沈則隨，雙重則滯」。偏沈，即將全身重量放在實腳上，實腳立地鬆沈，虛腳完全不著力。推手時，對方來力，即能隨感而應，轉腰落胯，不受彼任何來力。反之，如果把重心同時放在兩腳上或兩手同時用力，就患了轉化不靈的毛病。此謂之「雙重」。

雙重者，譬如一個物體有兩個支點，有如一部雙頭馬車，一隻馬往東，另隻馬要往西，無法統一方向，就不知要把馬車駛向何方。人體亦然，如果兩隻腳各管各的，不分虛實，兩手同時用力或同側手與腳同時用力，都是雙重。所乙太極拳一定要避免虛實不分，所謂「一處有一處虛實，處處總此一虛實」也。

雙重是病

　　先師更進而申之：「必須把兩腳的支點溶為一點，重合成一個重心支點，才能完全避免雙重」。譬如天平，其中心祇有一個支點，故能隨兩邊物體上下擺盪❶。如風向儀，設其中心柱有兩個支點，安能隨風轉動乎？所以我們把兩隻腳之間的無形連線想像成不倒翁的弧形底部，祇有一個支點，重心祇落在最底部的支點上。且其支點是可以隨不倒翁之擺盪而移動。此曰無根之根也。鄭宗師在述口訣曰：「按不倒翁之重心，在乎下部一點，拳論所謂偏沈則隨，雙重則滯，如兩腳同時用力，一撥便倒無疑，周身稍有板滯，一撥便倒無疑，要之全身之勁，百分之百，沈於一隻足心，其餘全身皆鬆淨，得能輕於鴻毛，便撥不倒矣。」如能體此就能使人體重心下降到腳底。又譬如搖擺木馬，當處於靜定時，其兩側弧形底部永遠祇各有一個支點接觸地面，當其前後搖擺時，兩側各僅有一支點隨木馬搖擺接觸地面。設搖擺木馬其同側弧形底部有兩個支點，木馬就失去搖擺的動能。設把不倒翁的底部削平，以平面接觸地面，還能靈活搖盪乎？難怪吾師有此「要把兩腳當一腳用」之體悟，如果能體此，把兩腳虛實轉換的距離極小化，集中在尾閭一點。甚至於把兩腳的虛實合而為一，融合在一起，一點動全身動，就不會有雙重之虞。

　　太極拳的動是有上即有下，有前則有後，有左就有右的四面八方，同時到位，由於能單點立地，且支點能隨人體的動盪而擺動。一動全動，貫串全身。此即一動無有不動，一靜無有不靜的道理。

　　我們以轉動中的陀螺為例。民國五、六十年代，玩陀

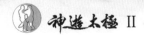

螺可說是家喻戶曉的農村餘興遊戲，幾乎大人或小孩都能打上一手好陀螺，功夫純熟的玩家，一旦把陀螺拋出去，陀螺必定筆直地在地上旋轉。陀螺在旋轉時，雖然僅單腳立地，由於快速旋轉的關係，其軸心幾乎是一點在打轉，根本看不出其擺動，但整顆陀螺會隨其轉動方向做圓弧形之移動。但當其耗盡轉動的能量時，陀螺愈轉愈慢，就可看到其軸心慢慢在打圈，由一點變成小圈且愈轉愈慢，圈也愈來愈大，終至整個陀螺耗盡能量而倒地不動。

陀螺非活體，無意識與精神支撐，靠著人們加諸能量形成旋轉動能之內聚而轉動而能直立於地上，一旦旋轉動能耗盡，其形體即刻攤在地上。而人體為活體，有意念與精神支柱，如能從陀螺的旋轉得到啟示，就能體會立身有柱，單軸旋轉的省能量原則。

後坐步如何避免雙重？後坐步之實腳的中心點在湧泉穴，臀部不超過後實腳之足跟。前弓步時，前膝不過第三趾趾根，膝尖對準中趾尖，即形成足尖、膝尖、鼻尖之三尖相對。楊澄甫大師亦曰：「太極拳，以分虛實為第一要義，如全身皆坐在右腿，則右腿為實，左腿為虛，全身坐在左腿，則左腿為實，右腿為虛，虛實能分而後轉動輕靈，毫不費力，如不能分，則邁步重滯，自立不穩而易為人所牽動。」故虛實分清，才能避免雙重。

行拳時，胯以上，肩以下的軀幹部位，空鬆似一個空杯、空隧道，或像紙紮燈籠。拳的陰陽轉變都在腰隙、都在腳下，無須軀體協助，步法輕靈。轉換虛實如步幅過大，須先挪移軀體，此時大腿和身體要加力，才可以變

換重心，此將形成雙重。日久肢體不能退去本力，關節僵累，終難以達上下相隨、內外相合之境界矣。

俗語「動則分虛實」無論手腳動必分陰陽、虛實。腳的轉換虛實是漸變，譬如走熊經時左實換左虛時，是左腳漸虛，右腳漸實，直到右腳全實，左腳全虛，才能鬆沈轉，否則即雙重。如起勢轉左掤，重心落左腳（意留右腳）然後重心轉換右腳，右腳漸踏實，鬆左腳（全虛）轉胯提左腳，向前踏出一步，腳跟置至原腳尖處，漸漸移重心到左腳再沈左腳鬆左胯，左胯向左轉正踏實左腳，開展雙膝為左掤。此都必須遵循左腳全實時、右腳要全虛才能轉胯的原則。此外左右上下手足也必須分虛實，即左手與右腳相合，右手與左腳相合，因同一交叉神經之故耳。如此才能避免雙重之弊。

從圓規一端尖頭固定在紙上，一端輕抵紙面，才能順暢劃出圓，當中亦可得到啟示，以意念引領，將兩腳之虛實溶為一體，形成陰陽相濟，陰不離陽，陽不離陰，上下相隨，內外相合周身轉靈，就能避免雙重之病。

陶炳祥大師在其太極拳淺說曰：「所謂雙重，是指在推手時，不論手腳，虛實不分，如站立於地，體重平均分配在兩腳上，或者兩手同時用力，無論左臂或右臂邊緣，或上下為人所執，不先求化解，而用另一隻手執著對方的手臂不放，糾纏一起，犯了兩點互相頑抗的毛病。」又曰：「凡是與對手相接觸之處超過一點都算雙重，例如 ❶ 雙足著地即雙手出擊，上下不分陰陽，亦無虛實可言。 ❷ 雙方面面相對而搭手相接，造成兩邊兩點同時接觸。 ❸

227

僅以手臂相推揉，沒有腰腿和身軀的虛實配合❹扭動、拉
扯、頂撞，無意願走化，或拉住不放，這是內外都已雙
重❺雖是側面相迎，但想用力控制對方，或強行避免對方
控制❻。不知自己已被黏住，沒有先設法化解被黏著的困
境，而想先發制人。」

以上可知，推手時，正面相迎，兩面受制，都是雙
重。最好能做到，即使僅僅一點也不要被對方貼上或暴露
空隙，就是不要給對方任何支點。特別是正面的面頰、胸
部、肋脅、腰腿或其他上下等處，最好在發現被貼進前，
立即先行化解，憑聽勁順其來勢，將身軀略往下鬆沈，再
轉胯偏移。以上為陶大師對於避免雙重之病的真知灼見，
值得我輩體悟。

雙重就是陰陽不濟、虛實不分。鄭宗師以「如無虛
實，即無陰陽，便非太極。如兩手必分陰陽，陰陽便是虛
實，兩腳亦然，惟左手必與右腳相合，右手必與左腳相
合，係因同一交叉神經故耳，此為左右上下手足之分虛
實，所謂總此一虛實，即其根在腳，將全身重量必須放在
一隻腳上，兩腳同時用力，便是雙重。」故曰：上下不相
隨也是雙重。

鄭宗師述口訣之三：「曰分虛實，拳論所謂處處總此
一虛實，以右手與左腳相貫一線之勁，右腳與左手亦然，
如右手左腳實，則右腳左手虛，反是，則亦然是為分清，
總之全身負擔，只許放在一隻腳上，如兩腳分擔，便是雙
重。」

鄭宗師亦嘗言：「雙重即如少林拳馬步，此為太極拳

最忌之大病也。」在別程式更進一步提示：「修習太極拳者，將體重付於一足，兩足時互易之，又不許用力。」拳論亦云：「左重則左虛，右重則右杳。」重者，重心也，將人體重心放在左腳，則左腳為實，左手則為虛，此為交叉神經之故也。設若左手為實，右腳必為虛腳。由此衍申可知，雙重者，重心在左腳，左手亦為實手，此有違太極拳原理。

鄭師爺在別程式篇一階二段曰：「為自胯至踵，其致亦然，其不同者，有輕重虛實之別。足為能載全身之重量，與手之舉動輕便異，常人之足，從不注意虛靈，普通拳藝家，亦聽便而已。惟習太極拳者，將體重付於一足，兩足時互易之，又不許用力，自胯至膝至踵，俱要鬆柔，其力量在足心，而受於地，足要分虛實，手亦然，其不同者，如右足實，左手要實，為一貫之勁，左足實亦然，反此為雙重。」

由此可知，常人從不注重虛實，他們只是利用與生俱來之本能來平衡身體。故虛實不分也是雙重。在推手中更要注意，當對方攻你左側時，左手隨對方之力放鬆為虛，必以左腳為軸為實腳。此為實來虛應也。然許多拳家無法體會實來虛應的原理，終至如拳論所云：「每見數年純功，不能運化者，率自為人制，雙重之病未悟耳。」吾師在教推手時，常提醒我們，「留住膝蓋，注意虛實，要鬆沉」，更言「兩手虛實交換在夾脊，兩腳虛實交換在尾閭」，所謂動靜虛實方寸間。林木火老師亦常引用師爺名句「磨轉心不轉」，來教學生。宋志堅先賢之口訣為「原

空住，原本位」，學習太極拳推手，如何從師爺與三位大師的口訣中領悟，虛實分清互為轉換的奧妙，瞭解何謂雙重，才能練好太極拳推手。

王培生《吳式太極拳詮真》：「兩腳不分虛實，同時用力著地，使身體的重量分支於兩腳上時，即叫做雙重。反之，兩腳同時用力，但全身的重量卻完全集中於一腳之上，而另一腳的用力和軀幹的用力相平衡，適合於力學上的支點的定則，便不是雙重，這是一般對於雙重的解釋。不過，一般學者對於非雙重的姿勢，大致都很糊塗，每每以為虛腳無需用力。殊不知特別是虛腳用意存力，能合於力學上作用力點和反作用力點相平衡，身體的重心才能達到穩定。」

不過，虛腳的力量要用在空虛，不可使它著地，假如虛腳用力地擱在地上，則身體必成散亂之象。比如秤之秤錘，為虛腳（力點）被秤重之物體，為實腳（重點），秤桿之提耳為支點（尾閭）設秤桿有重點，有支點，但卻力點時，則猶如無秤錘（無意），兩邊就無法取得平衡，就秤不了東西。

【註】❶天平的支點在中心點，兩端各放等重之法碼，當左端隨地心引力而下沈時，右端因槓桿原理而上升。當左端往下之慣性運動之慣性力消失後，兩端取得短暫平衡，但由於右端離地心引力較遠又受地心引力牽引而往下時，左端隨之上升。如此反覆上下之原理，應用在兩腳虛實轉換，以尾閭為支點就能產生輕靈的動盪，左上右下。此非雙重，而是輕靈，輕換虛實，切記。

築基功法

　　吾師曰：「修練太極拳之基本功，如建築高樓必先固基，如無這些基本功，無異建高樓於沙灘。」

　　修練太極拳功，功在調和陰陽、交合神氣，站樁即第一步築基功法，張三豐道真曰：「初功在寂滅情緣，掃除雜念，除雜念是第一著築基煉己之功也。」意指心靜神定，凝神聚氣才能在丹田種植氣之種子。

　　保持身心極靜定之修為，目的在鬆化身心，導氣入地。其原理有如在一張懸掛的網子上，放了一顆鐵珠子。則整張網會隨珠子向地心引力方向滑動而向下鬆落。此乃物質受地心引力牽引之結果。

　　人體既為物質，難脫受地心引力牽制之宿命。站樁能使身體重心有如沙漏般往下移動。故在極靜定的情況下，讓下肢氣脈逐漸打開，促使體液由上往下流動與地氣相結合，日久功深，下盤就會變得穩固。

　　在極靜定下修練太極拳功，初始，人體之筋腱與體液有如從河裡剛掏取混濁之水。必須把它放在地上，靜止不動一段時間讓混濁的水慢慢沉澱，當所有較水重的物質慢慢沉澱到桶底，水就變清澈無比。

　　人體在極靜定放鬆心情時站樁，目的在使體液在體內通行無阻。並使體液往下沈落到腳底，則人體重心自然落

到最底層。自能明心見性。氣根不上浮，自然身體就有根，上半身就不容易被牽動。如果常人走路，能本此原則，不忘足心貼地，腳趾放鬆，就有導氣下行的效果。雙腳就變得強壯有力。胯節轉換輕靈，人就不怕老。

老子曰：「人法地，地法天，天法道，道法自然。」是描述修道練功的法則，要讓氣先往地下走。以接通地之能量，再利用地氣上升之作用，接通上天之氣能。

魏伯陽書中曰：「從頭到尾，究竟復上升。」氣是雙向道的，必須引氣由任脈下行入地，再由督脈反彈上來，此為練功之重要訣竅。

所謂往下紮根，向上萌長也。故練功為導氣下行，讓氣沈於丹田，充塞全身再散發於體外，此所謂由腳而腿而腰行於手指也。

行氣玉珮銘云：「行氣深則蓄，蓄則伸，伸則下，下則定，定則固，固則萌，萌則長，長則退，退則靈。」即指練氣的過程，像一顆樹的生長過程般。一個種子播種到地上，它會先往地裡紮好根，再往上萌芽。然後一面向地底深植根部，一面又向天空長出根葉。植物生長過程行光合作用，有如人體服氣，吐故納新般，將氣吸到丹田，丹田蓄足氣後，先要走入地下銜接地氣讓氣固定。再向頭頂往天上發展，此所謂：「三光落地地自開」。

導氣入地的目的是將天上日月星的能量與地氣合流。地氣自會反彈向上。我們再利用地氣上升的能量與天上的能量相應，能練到此地步，才是真正的天、地、人合一❶。人身的小天地才能與宇宙的大天地同步共振，借由天地的

能量由體內激發宣洩，產生沛然莫之能禦之能量，此能量即為太極拳之內勁。

故修練的心法要求，身正體靜氣順，無我、無他、無心、無物與天地合一。所謂「應物自然，物我兩忘」也。根據莊子坐忘篇曰：「隨肢體，黜聰明，離形去知，同於大通。」的原則，把身體放鬆入靜。四肢百骸自然向下垂落，達到沒有肢體感覺，廢黜腦之妄想與雜念，達到全體透空，內觀其心無心，外觀其身無身，與太虛渾然成一體。

太極拳修練主要在於澄心定性，及其所衍生的生命現象和意義，其造乎最高境界為常定常應。常定則寂然不動，常應則應而逐通，在此基準下時常冥想，如何才能虛靈頂勁，如何才能凝神斂氣，使心意沈著，如何才能勢動如長江大海，滔滔不絕。

修練太極拳推手也要求統一行動，集中一點，全身形成一個勁，由意念指揮動作，意念與身、手、腳統一向著一個方向，集中到一個打擊點上，使全身的勁力在一點上發出，此即整勁也。

推手時，也要瞭解與明確每一招每一式的勁路，如果勁路不明不整，那就是胡打、盲打。勁路明瞭更要明確動作的位置和動作的目的。

譬如有了拿水桶的意念，由意念指揮行動，如果意念是拿水桶旁的石頭，但動作卻拿取水桶，全身就配合不起來了，在拳架，比如掤手，必須五個手指頭自然朝向同一方向。如果大拇指上翹或往裡收，就非統一在同一個方

向，勁就不整了、散了。

又如摟膝拗步，如果前弓腿的腳尖微向左旋或向右撇一點點，勁就無法整勁向前。弓步時前膝須定住，膝意指向前方。如果前膝左右擺動（左旋或右旋）不僅會傷了膝蓋，全身的勁也會分成若干股，形成斷勁。此就非一貫之勁、完整之勁了。

故在摟膝拗步的動作裡，必須先摟後再按，不摟不能按。因為對方的手或腳擊來，必須先摟開對方的手或腳，才能用另一隻手打人，此曰先化後打，能化才能打。

又譬如轉身蹬腳，當做完左分腿後，收回左腳，左腳尖必須向地，左大腿須平胯，左手為掤手，頭須虛靈頂勁，右手隨腰由右向左盪轉後，全身定住再蹬左腳，以腳跟踢人。此式必須先分手後蹬腳，其原因在於不先分手防住對方的手或腳，不先制住對方，就不能起腳。分手後，接著用腳把力往前送。重心中定、鬆沈，分手時送力，再起腳。制住對方的手或腳，使對方無法防住自己，由我掌控機勢，才能起腳。

如果不先分手，對方還有攻擊或防禦能力，腳蹬出後反而有被擒住、給對方反擊的機會。故吾師常說：「推手一定要按序漸進，若不於基本功上力求認真，無異沙灘上建高樓，遇到狂風暴雨定垮無疑。」

雙人築基栽根法❷

1、甲乙雙方面對面，平行站立，相距約二步幅。

2、甲乙雙方重心移右腳，左腳放虛向外撇45度，接

著重心移左腳，右腳向前踏出成弓步，前七後三之勢，雙方前腳平行對齊，即甲方之腳跟與乙方之腳尖對齊。

3、甲以右手貼敷乙方左胸，左手托住乙右手肘，乙則以右手貼敷甲方左胸，以左手托住甲方右手肘。

4、雙方以意領勁，相互頂勁，必須沈肩墜肘，胯要落，襠要圓撐，腳掌平貼地面，如此相互較鬆沈勁，愈較愈沈，不可出力，全身放鬆。

5、此式須一來一往反覆練習。

雙人築基餵勁法

1、甲乙雙方面對面，相距約40～60公分，甲方為接勁，以弓步站立，重心在後腳，兩手垂於胯前。

2、乙方以平行步站立，雙手置於身前，自然垂下。為餵勁。

3、乙方以兩腳湧泉為軸心，身體貫串向前傾，隨前傾之勢，雙手抬起按甲之胸部。

4、甲方鬆沈後腳，雙手隨後腳鬆沈而抬起手心向上，以後腳接地之力，並以兩手心接住乙方之兩肘，使其恢復直立式，全身隨乙方來勁往下鬆沈，當乙方來勁消失於我之後腳底後，再以後腳反彈之力將乙方往前送勁。

5、重複練習，亦可對換練習。

【註】

❶詳黑皮書十三篇卷上，別程式云：「太極拳運動之大綱有三，分天地人為三階，人階為舒筋活血之運動，地階為開關達節之運動，天階為知覺作用之運動。築基貴在

養氣，吾人賴氣而生存，故曰「氣者，不可須臾離也。」氣須養而足而壯，養氣蓄於丹田，謂丹田之氣，丹田氣壯而致用，如水庫之蓄水，水滿溢之後，才能灌溉。養氣須持正念，去三昧，少欲知足，心中常存清淨，沒有妄想與執著，就能吸取天地正氣而養，併將氣時刻沈守於丹田，不使外逸，此曰「蓄」故養氣與蓄氣為太極拳築基功法。

　❷單練築基功法，有開胯圓襠功、太虛步、鳥伸步，都是能長根勁的功法。

牧童拉牛過河

　　吾師曰：「牽動四兩撥千斤，牽與撥是兩碼事，要牽之以法，千斤之牛牽之以鼻，左右如意，如牽其角或牽其腿，不可行也，是牽以其道。如在用，必須牽人適當。」又曰：「太極來勢，勁大如牛，順其勢，牽其鼻準，控制仍在我，有何可怕乎？」

　　台諺云「軟繩牽牛」，意指牛的脾氣很拗，吃軟不吃硬，所以牧童要知道牛的脾氣，以軟繩引導牛前進，切勿硬拉硬扯。北京話說這個人的脾氣很強，叫「牛脾氣」，這個人很「牛」都與台諺有異趣同工之妙。

　　早期的農村社會以牛耕為主，每一戶農家都把耕牛當作寶貝，所以祇要農忙期一過，就會使喚家中的小孩把牛牽到野外的墳場，田間小溝吃草。牧牛的情景也是大小孩領著弟妹們一齊去。平常空蕩蕩的墳場，頓時滿山滿谷的人頭、牛頭躦動，剎是熱鬧。

　　當全村的小孩都牽著牛聚在墳場牧牛時，所有的小孩就會自個「放牛吃草」，然後三五成群的小孩則聚在一起追逐、玩紙牌、排三等兒童遊戲，有時玩興來了，也不顧牛隻已漸漸遠離視線，跑遠了。

　　際此玩興正濃的時刻，牧童就會使喚弟妹們去把牛牽回來。然遇到不會牽牛的這群小小孩要把牛牽回來，談何

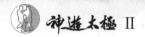

容易。因為小小孩急著要趕快把牛牽回來，拉起牛繩就會猛力硬拉硬扯。結果可見，小小孩儘管使出吃奶的力氣還是無法讓牛隻移動。甚至於遇到很拗的牛，一甩頭還會把小小孩甩出丈外，跌倒在地上。

　　小時候我也有被牛甩出去的經驗，哥哥從遠處看到此情景。就會放下玩興正濃的遊戲跑來幫忙，祇見他輕靈地把牛繩一拉，然後一抖，牛隻就安靜下來，也慢慢跟著哥哥的腳步往前走。而拉牛的繩子卻呈半垂懸的弧形狀。事後我才知道，牽牛是不能硬拉扯的。

　　當慢慢長大後，我也有獨自牧牛的機會，農村的田野間到處都是泥築的河堤，堤上長滿了青草，每當我牽著牛到附近的小河，讓牛在河中踱步吃草，如果牛還沒吃飽，它會低著頭猛啃，任你用千斤力也無法將他拉動，但如果牠稍有飽意，祇要輕輕牽動繩子，千斤之重的水牛就會隨主人上岸。

　　有時水牛會拗著脾氣不上岸，甚至把頭扭到反方向，這時千萬別硬扯繩子，而是先放鬆繩子，讓牛先轉過頭來再順勢將身體往下坐，拉著繩子的兩手向前平伸稍一坐意，牛就會順勢跳上河岸。故每遇要牽牛過河時，我們都會拿著牛繩，自己跳過河的彼岸，再以軟繩慢慢牽引牛隻過河。這就是「軟繩牽牛」的道理。

　　學拳後這種小時候放牛吃草的經驗，讓我得到了很多太極拳的啟示，一根小小的繩子為什麼能牽動幾百公斤的牛隻？為什麼我們硬拉扯繩子反而無法牽動牛隻？因為你硬拉扯繩子，牛鼻受到強力拉扯，牛隻馬上感覺疼痛，緊

張,並做出反抗動作。而形成所謂的抗力,這就是同門洪師兄在其「從引進落空合即出談發勁的時機」一文所說:「與人較手,若稍用力,對方必感覺到,而產生反抗的力量,就造成頂抗了。」

一根小小的繩子要牽動牛隻,硬拉扯是實,放軟繩是空。先決條件是必須讓繩子空掉,也就是「以我之空點,把對方的來勢牽引過來,不能重,手要極輕」有如母豹兜小豹移巢。有如鱷魚以口含小鱷魚下水般。深怕它們受到一點點驚嚇。這也是洪師兄的真灼論述,值得有心人體悟。牧童拉牛過河的身形也可形成一種功法,使身體處於中定的狀態。

功 法

1.兩腳平行站立,與肩同寬,左腳向外撒15度,右腳向前平踏約一步長,(前腳跟與後腳尖相距約30公分),呈弓箭步。

2.重心向後坐時兩手向前平伸,手心向下重心在後腳,全身向下坐,越坐越低,至前大腿平地面。

3.雙手向前越伸越長手心相向(有如拉牛過河狀),且上半身不可傾斜,慢慢向下坐,緩緩吐氣至吐盡時為一動。

4.利用後實腳將身體撐起(吸氣)再下蹲(吐氣)。

5.重複前述之動作六次。

6.換腳操作時,記住一個原則,兩腳一息一動,次數要平均。

7.功畢拍打大腿內外側，並按摩膝蓋。

在推手的功法裡，吾師強調定沈轉與鬆沈轉，意念配合上述功法，既當對方以右手掌按左胸時，我必須以其右掌與我左胸之著點，先定住著點再將來勁接到左胸裡，往下鬆沈，以左手採牽對方右手，使其失勢向我左後方跌出，反之亦然。

庭院深深深幾許

　　吾師曰：「切記一動無有不動，一靜無有不靜，尤須注意其根在腳，全身重量祇許放在一隻腳上，主宰於腰，不獨手與足要隨腰轉動，顛頂與眼神，皆須隨腰轉動。故手足不能主動，惟腰為主。」

　　在某一本太極拳書裡，看到一篇名為雙重之病未悟耳的文章，作者是否功力深厚，我不得而知，也不予置評。但文章對先賢論述的一些批評，我則難以苟同。我以為文章千古事，得失寸心知。先賢的論述自有其體悟。孔子登泰山而小天下，如果一個人祇能爬到半山腰，僅看到眼前的山巒重重疊疊，橫看成林側成峰，遠觀近看各不同。無法站到山頂上，怎能論斷山下全景。

　　庭院深深深幾許，如果不走進庭院裡，祇站在牆外，庭院到底有多深，永遠看不著，猜不透。

　　為人處世，絕不可以偏概全，以管窺豹，斷章取義，坐井觀天。更不可不明就裡，就撿拾前人書中的一句話，猛攻猛打。先劃個靶，再射箭，這是非常不妥的行為。更何況又把靶心劃錯了，自己射不中靶心，反而怪到先賢的頭上。不會划船嫌溪彎，何必呢？

　　武術之論述，原本就各有各的見解與體悟，拳經拳論也是各有各的解讀，祇要不離武術的架構，各述己見，百

家爭鳴，有何不可。

一張黑白各佔一面的紙張，你看到的一面是黑色的，但別人看到的明明是白色的一面，為什麼非要把白色的一面染黑不成。鄭子十三篇裡自修要略明明白白的說：「將全身重量祇許放在一隻腳上，若兩腳同時用力，就是雙重。雙重即如少林拳馬步，此為太極拳最忌之大病也。」別程式曰：「常人之足，從不注意虛實，普通技擊家亦聽便而已，惟習太極拳者，將重量付於一足，兩足時互易之，又不許用力，自胯至膝至踵，俱要鬆柔，其力量在足心，而受於地，足要分虛實，手亦然。其不同者，如左足實，右手要實為一貫之勁，右足實亦然，反此為雙重。」

鄭宗師強調，將全身重量祇許放在一之腳上，這是太極拳的特色。

在述口訣第三曰：「分虛實，拳論所謂，處處總此一虛實，以右手與左腳相貫一線之勁，右腳與左手亦然，如右手左腳實，則右腳左手虛，反是，則亦然，是為分清，總之全身負擔只許放在一腳上，如兩腳分擔，便是雙重，其轉變時，要注意尾閭與夾脊得中，方為不失中定。」

述口訣第八曰撥不倒：「按不倒翁重心，在乎下部一點，拳論所謂偏沈則隨，雙重則滯，如兩腳同時用力。一撥便倒無疑，周身稍有板滯，一撥便倒無疑，要之全身之勁，百分之百，沉於一隻足心，其餘全身皆鬆淨，得能輕於鴻毛，便撥不倒矣。」以上四則雙重的論述，將雙重之病的各種狀態，例舉出來，都是有前因後果的。鄭宗師強調的是兩腳必須分虛實，把全身重量放在一隻腳上，不得

同時用力。前提是兩足時互易之，不得同時用力（此虛實轉換也），並非僅指「將全身重量放在一隻腳上」。前後的論述必須辨明。

再談這位先進所強調的「二爭力」，其謂一腳蹬，一腳撐。在蹬與撐的過程中，兩腳的重心「互相」爭力。即是「互相」，必有先後，譬如後腳先蹬，繼之前腳撐，轉換虛實絕對有秒差，不可能同時無秒差的蹬與撐。縱使蹬與撐真的僅百萬分之一的秒差且幾乎同時到位，還是有蹬時的轉換重心，撐時的單腳承載全身重量。

譬如拔河比賽，兩隊在拔河的過程中，雙方旗鼓相當，勢均力敵，互不相讓，表面看起來好像時間就靜止在那一刻，但祇要拔過河的人都知道，雙方還是有你來我往的二爭力，還是有虛與實的相互轉換，並非完全僵持不動。而此相互轉換的霎那定勢，就是重心之所在，且定勢時間越短轉換越快，就越轉靈圓活。

試問一個物體如有兩個支點，如何轉化輕靈，所謂「兩腳爭力，腰化不靈」，這是簡單的物理現象。故對於這位先進的二爭力理論，祇是其個人見解與體悟，我不予評論對與錯，因為這是層次問題。或許過了十年八年，讓他自己好好體悟，支點在中，轉換虛實時的左動與右靜與中定之互為因果關係。他就能體悟轉換虛實後，單腳立地，祇許將全身重量放在一隻腳上的奧妙處。

又左腳實，右手實才有一貫之勁，此為人體交叉神經的生理結構。有如圓規劃圓，兩端同時用力就遲滯。有如風向儀，同時有兩個支點，上端的風向儀如何隨風轉動。

鄭宗師強調兩腳不得同時用力，如右腳實右手實為雙重，這點在說明兩手與雙腳的互為轉換關係，將全身重量祇許放在一腳上。重點在「不得同時用力」。重點在偏沈定靜的當下百分百沈於一隻足心，才能隨勢化發。

所謂真理辯則明，不辯則晦，實踐檢驗真理。行拳走架從後腳蹬到前腳撐，兩腳互有著力的過程是動。而當重心放在一腳的剎那則是靜、是定的鬆沈，是動之後的靜，是結果。這有如行駛中的汽車，行進間在D檔時是過程，是蹬至撐的過程。但當停下來等紅燈時是放在N檔，或輕輕踩住剎車板，是虛實轉換過程中的暫定，是隨時準備動的定勢。抵達終點時，則為P檔是目的，重心是落在車子底盤處。不倒翁的底部是弧形，僅一點接觸地面，重心是在底部一點，它才能左右前後，四面八方地擺動。當其動極生靜時，必定回到原點，且重心永遠在底部一點。如果把不倒翁的底部改為平面或有兩個支點，它不僅無法前後左右四面八方擺動，更失去轉動的功能。

軀體是活體的，必須鍛鍊到單腳立地，將全身重量放在一隻腳上，湧泉似踩著一個水球般，隨風擺盪、搖曳生風，有如佇立在風中的風向儀，一隻轉桿，一個輪軸，才能隨風旋轉來回擺動。更有如劃圓的圓規，尖端釘在紙上為圓心，鉛筆端才能靈活移動劃圓。大飯店常設的旋轉門，甚至於農家或廟宇的木板門，也都是單點上下固於溝槽內才能轉動。這是簡單的物理原理。

因此我想就教這位先進幾個簡單的物理原理，第一：我們日常生活中的馬達都是單軸，如果我們把它更換成雙

軸心互相平行，它是否能轉動。第二：我們在電視上常看到的冰上芭蕾舞者，在旋轉時，是單腳立地或雙腳立地？空中芭蕾的舞者，倒立旋轉，到底是雙腳併攏旋轉比較快，或兩腳左右分開旋轉比較快。

太極拳是走弧形，是曲中求直，是隨曲就伸的運動，不管是化或發，內氣的運轉或外型的轉換都是以弧形轉動，兩腳互爭力真的是太極拳的化與發嗎？形意拳我不懂，我不予置啄。但鄭子太極拳一脈相傳，我們謹尊傳統，不敢標新立異，更不敢將馮京當馬涼，張冠李戴，自誤誤人。或衹摸到大象的腿就以為大象像顆大樹，摸到大象的耳朵就以為大象像一把扇子。

就如此位先進在其文章所說：「武術沒有好壞之別，看你有沒有深入去修練，自己沒有涉獵到的，則無法深入去瞭解，若魯莽膚淺的隨意批判，是不智的作為。」孩子是自己的好，沒錯，但是不能說別人家的都不好。

鄭宗師衹說馬步是少林拳的特色，從來沒有批評少林拳馬步樁是病。為學之道在審思，在明辯。尤其著書立說者，更須本客觀事實求是之精神，深入研究、探討、再化為文章，以免貽笑大方。

林語堂國學大師曰：「上窮碧落下黃泉，動手動腳找東西。」窮究太極拳的真理，瞭解太極拳之深奧，各門各派的精髓，門外漢是難窺其堂奧的。孔子曰：「知之為知之，不知為不知，是知也。」就如鄭宗師告誡其徒弟說「我的功夫未及前輩，我不敢論斷前輩的是非與對錯」，這才是真知的表現。

答問錄

Q：老師，您常說：「夾脊與尾閭要在一條垂線上。」
意義何指？

A：脊樑從正、背面觀之，不能有任何彎曲。然從左
右側面觀之，則有如兩個S型彎度。但須有一條無形的垂
線，從百會、耳垂往下通過肩胛中心至中指貼褲縫處，往
下再延伸至腳根中心點。夾脊與尾閭要在一條垂線上，係
指從正背面觀脊椎。從上體之夾脊至下盤的尾閭，必須向
地心垂懸。尾閭向地，這不僅能引領脊椎垂正，立身中
正，更能向下延伸出支撐人體的第三隻無形的腳。

如果這無形的第三隻腳能穩穩地矗立在地上，就能讓
全身落胯坐實。澳洲的袋鼠，有一強又有力的尾巴，它能
夠以尾巴接地，支撐全身，然後同時抬起兩隻腳踢人。此
為三腳立地，穩實坐身的立論基礎。

當兵時的架槍術也是以「三腳椿」立地架槍後，才能
讓其他的槍隻依靠在外層而不倒。以無形的第三隻腳讓下
盤結構形成一等腰三角錐體，才能讓上體立身中正，下盤
穩實。以襠胯為中點，進一步向上延伸到百會，百會要能
提得起。向下延伸到湧泉，湧泉要能放得下，就是脊柱的
上下之對拔拉長，夾脊與尾閭也就在一垂線上了。唯有脊
椎垂正後，才能讓兩肩平放，而不致於左肩高右肩低，左
緊右弛。此所謂「兩肩平行下墜全身鬆，兩肩高低上翹全

身僵」的道理。

脊椎垂正亦可謂「守住天地線」，即百會至湧泉一條線垂直於地面，不管身形如何變化，都不可以「出尖」，才能兩手分陰陽，一守一攻，左右變換。配合呼吸操作。一吸，形開氣合，脊柱往上竄，兩肩往下鬆。吐氣，百會，尾閭呈一垂直線，全身往下鬆沈，腳底湧泉鬆開。

Q：何謂沾黏勁？

A：沾黏勁說來抽象，似乎帶有一點玄。其實不然，以自然界的物理現象論，守宮之四足三爪，貼壁而行，如何抵抗地心引力，而能行走自如。故沾黏決不僅是觸摸對方而已，要讓對方備感壓力，又不可有壓迫感，且不讓對方感受到你身體的的任何力點和硬點。必須讓你的著力點，滲入到對方的身體融為一體。必須如羊毛氈要能輕輕地沾住對方的毛細孔，意念要灌注到對方骨子裡，對方即感覺不到，又無法脫逃。

有一首流行歌叫「你濃我濃」。想像其意境，與對方同步呼吸。主客同體，隨他不由他，從人不由己。能感覺對方在著點之呼吸頻率。海洋裡大鯊魚的身上，吸附著許多小魚的共生行為，不管鯊魚如何翻滾，都無法甩掉這些小魚，此如影隨形的行為即沾黏貼隨也。

陳炎林先賢曰：「沾黏勁即不丟不頂」，「有感覺始可沾黏，有沾黏始可將敵吸住，為我所制。」又曰：「練習此勁，相當程度後，皮膚上有似雲霧之氣，如漆似膠，一遇敵手即不丟不離，非但兩手如此，周身皆然。故兩人

互相黏手，不能太輕，也不能太硬，更不能太軟，太軟則
丟，太硬者頂，必須以鬆接之，引之，化之」。江蕙歌曲
有句「呷你黏牢牢」這種黏牢

牢的意境就是沾黏連隨也。

Q：老師時常提醒我們眼睛不要上瞟下瞄，要平視為
何？

A：太極拳無論行拳，刀、劍、桿，推手，眼神平視
是非常重要的，但是卻最容易被忽略，眼神往下瞄，勢必
翹臀，身體前俯，氣就無法貫串。眼神往上瞟，勢必造成
直胯，身體後仰。有違太極拳立身中正的原則。

譬如在開車，駕駛員如果眼神稍有閃失，低頭，或仰
首，很多車禍均因駕駛眼神不集中而起。所謂眼光犀利，
炯炯有神，則是對眼神正面的評價。但太極拳強調，眼神
內斂，眼神領意，兩眼向前平視，餘光向下。如扒牆觀遠
狀。把下額後收，則虛靈頂勁自顯也。

Q：讀者來函：在《神遊太極》一書裡，提到肋骨下
密，翅肘開腋是什麼意思？

A：肋骨下密者，喻人之肋骨有如裝在窗戶上的百葉
窗之葉片。當百葉窗垂下時每個葉片是分離的，我們可以
從窗戶內看到戶外的景色，並讓陽光穿射進來。但也可以
把百葉窗往上拉。在把百葉窗往上拉的過程中，每個葉片
從下往上會一片一片地往上貼合。如果把葉片往上貼合稱
為葉片上密。則將人體每根肋骨比喻為葉片，當全身鬆沈

時，肋骨也須隨湧泉鬆沈之勢，一根根地往下貼合，此稱
肋骨下密。

當肋骨下密的同時，配合內氣的運行，會牽動夾脊往
兩側開展，兩大臂向兩側撐開，兩小臂往前運勁，形成向
下鬆沈，氣往上膨脹，摧動肩，肩摧肘，肘摧腕，將氣行
於手指。此時形體會顯現腋下含虛，似可容一顆雞蛋，肘
微曲，似飛鳥的翅膀，兩肘是彎曲的，此曰翅肘開腋。

如果有機會可以觀賞白鷺鶯在天上飛翔，其兩翅的上
下揮動，靠的是內氣。所以不管飛多遠，它之兩翅根節祇
是隨氣摧動而已。

站渾元椿時，全身向下鬆沈，由於肌筋腱的牽引，一
動全動，兩手腕自然稍稍提起而形成曲肘，且肘窩與肋骨
間的距離可容一個拳頭穿過，此曰翅肘開腋也。

在推手時，如果能有肋骨下密，翅肘開腋之意境就可
以內勁發放對手。

Q：老師，修練基本功，拳架時，動作要如何與呼吸配合？

A：太極拳，以心行氣，以氣運身，所謂形合氣開，
氣合形開，均以自然為主，不要刻意去想動作如何配合呼
吸。人體的伸曲與內氣的開合是非常奧妙的平衡關係。

譬如當你坐在椅子想站起來時會以吸氣自然配合動
作，當你要坐下去時，自然會以吐氣配合動作。反是，則
不僅動作無法完成，且會感覺彆扭。

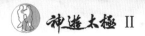

Q：在《神遊太極》一書裡有提到「舌根深藏」，是什麼意思？

A：一般修道家或武術家，非常強調「舌抵上齶」，但幾乎很少有提到舌根深藏。到底是昔時武術家者把這口訣視為機密，或根本忽略此口訣的重要性。

在跟吾師學拳的歲月裡，每遇熊經或站樁功法時，吾師都會特別示範舌抵上齶的正確功法，必須把舌根收回喉嚨裡，略捲舌尖，讓舌尖輕抵上齶最高點，軟齶與硬齶的交界處，唯有如此，才能讓口中生津，此即舌根深藏。有人說講話耗元氣，舌根深藏，就能放鬆舌根，並保住元氣。

聽說有次鄭宗師要出國，有幾位學生到機場送行，臨別前，有位學生問宗師要如何養氣？宗師曰：「舌根深藏。」結果這位學生每天在練氣時，就把舌頭伸得長長的。然越練越沒氣。趁宗師回國鼓起勇氣向宗師提問，宗師曰：「非舌根伸長，仍舌根深藏也。」

Q：意念放在湧泉是甚麼感覺？

A：太極拳長根勁，意念一定要放在湧泉，守在湧泉。無論是基本功，拳架，推手。你不要刻意去想感覺。想感覺，心就外馳，就無法守竅。祇要舖排好三十一要，全身鬆持，搭鵲橋，連長蹻，收下巴，縮小腹，接地谷，藏尾閭，氣就會慢慢上來。

站樁時，感覺從兩胯，似有萬蟻躦動地往下躦，往湧泉躦，想像湧泉穴如螞蟻窩般。更似腳底湧泉有一鍋熱

水，一股熱氣往上竄。

Q：老師，如何去感受落胯入筍？

A：自然站立，如果你能圓襠，落胯入筍，最直接的感受就是陰部的外側與大腿內側有剝離感，在那剎那間，兩胯鼠蹊部會滲出一股涼意。上半身隨湧泉鬆沈地直塌塌的往下落，就是落胯入筍。

Q：老師在《神遊太極》第一輯的自序裡寫到：「就算站在懸崖邊，馬上要跌到無底深淵，也不可想去拉住任何藤蔓。」是什麼意思？

A：這就是修心養性，練鬆的修養。不會游泳的人，掉到水裡去，一定會緊張、掙紮，想抓住任何東西，以保住性命，越緊張越掙紮，身體就越不易放鬆，反而容易淹死，因此掉到水裡的人，祇要身心放鬆，自然會浮出水面。同理，很多練習推手的人，一旦被對方推出去，都想用雙手拉住對方，如此反而得到反效果，造成無法把心情放鬆下來。無法把身體往下鬆沈，如何克服這種動物的本性，要靠很大的毅力去修練才行。

Q：什麼叫做「意」？如何意守丹田？

A：可以閱讀拙著《神遊太極》，太極拳論意。簡單的說，精神能提得起，就是有意念。一個爛醉如泥的酒鬼，攤在泥地上，身體有如行屍走肉，就是沒「意」。有意念才能感知外界的動靜，才能驅使動作，統一指揮行

動，才能斂氣凝神。所以意是行動的主帥，居調動三軍之責，運籌帷幄，決勝千里。守者，亦是一種意念的運作。

道家先知王重陽云：「安神定息，任其自然。」守不純然為靜，須如母雞孵蛋然，不即不離，勿忘勿助。守即不能守得太緊，也不能片刻離開，先守住一點，慢慢地溫養丹田，始能成就混元之氣，再擴大守整個丹田。意守日久，功行日深，讓丹田之關元穴與對應之真氣穴相互呼應，如鼓風機之活塞，相吸相斥，始能發動丹田氣。使其上提至胎元，下行經真氣穴，越尾閭，通陰竅，開命門。有如在魚缸裡打入空氣般，讓內氣繞行精關，讓骨盆腔（腰胯）充滿勁力，讓內氣在丹田裡迴盪，纏繞牽拉、融合，而致氣沈丹田，且能運轉輕靈，成就內勁。

Q：老師，在談拳論鬆談到要「鬆柔在身，鬆靈在腰，鬆沈在根，鬆開在關節」，對於前面幾點我略有體悟，但是「鬆開在關節」我真的連體會都不懂，要怎麼做呢？

A：我曾說過，頂頭懸不祇是頂頭懸，要把全身的關節全部懸起來。然後總其線聚於頂上一處，這就是鬆開關節的關鍵。鄭宗師所謂的開關達節。這有如在傀儡人偶的每一個關節（含頭頂、肩、肘、腕、胯、膝踝）都繫上一條線，然後總其線上提，讓傀儡人偶的兩腳離地般，此時操控人偶的人就能自如地讓人偶活動。

想像你就是那尊人偶，在你頭上面有個人吊起你全身關節各線頭，而你卻任由他在操控。你也可以想像是被人

提在手上的有穗燈籠，所謂身如懸鐘。修練「鬆開在關節」以川字樁高樁式最有實效。

Q：老師，我頸部兩邊的肌肉會痛，要如何改善？

A：這是你長期低頭的壞習慣，加上你的辦公桌椅不對稱，造成長期處於提肩所致。

首先在工作的地方，換一張較適中的椅子，不要老是低著頭，要讓頭夾肌、提肩胛肌放鬆，必須遵循拳學所謂豎玉枕，把頭懸起來，把頸部豎起來，下額後收，把肩膀放下，就能慢慢改善頸部兩旁肌肉痠痛的問題。

Q：老師，我的腰開過刀，到現在還是時常腰痠背痛，兩膝蓋也很痛，醫師建議我的膝蓋要開刀，換人工膝關節。怎麼辦？

A：一般懷孕的女人到中年以後都有腰背痛，兩腳痠麻的問題，尤其是生過多胎的婦女更甚，此肇因於懷孕期間，大腹便便時，因長期負擔胎兒的體重，造成腹部前凸，背腰前凸後凹，致背部肌肉鬆弛，脊柱溝下陷，脊椎的不平均受力，更壓迫到椎間盤與周圍之神經叢，這就是大多數婦女容易患椎間盤突出的最大原因。

所以，婦女如果在生產後馬上能做束腰運動，舒緩長期受到壓迫的椎間盤，就能改善腰痠背痛的症狀。而太極拳強調立身中正，直腰、頂頭懸，可謂產後婦女最好的運動。雖然你在別處打拳六、七年了，但因為從來沒學過推手，行拳走架姿勢不正確，身法不中正，僵累，全身沒放鬆，當然就會腰痠背痛。我無法回答你開不開刀的問題，

但是你可以先跟我學推手基本功，半年至一年後在決定開刀的問題。

【註】此位學員到目前為止，已經學習基本功與參加推手訓練達一年半。現在腰背也不痠了，膝蓋也不痛了，醫師對他說，不痛了就不要開刀。

Q：何謂單絲難成線，三股成一繩（體）？

A：此整，聚也，八法五步，一動全動，一轉全轉，靜如山岳，動如江河。即拳論所謂「由腳而腿而腰，總須完整一氣，向前退後（虛實轉換）乃能得機得勢，有不得機得勢處，身便散亂。」詳細解之，人體由百會至尾閭，一股線也，由左腳到右手，兩股線也，由右腳到左手，三股線也。必須修練到三股散亂的線能束成一體，才能勁整、勁聚，才能發出驚天動地的太極勁。

勁整、勁聚，猶如水管裡噴出的水流，其中不能有空隙，祇要有空隙（空氣），水流就會有斷續。

Q：何謂主客同體？

A：主客同體可說是推手的最高境界，兩人的互動，係以意念和對方形成合體關係。你濃我濃，不分彼此，同步同息，我主彼客，即能主隨客便，又能主客同體的推手。以內勁來達到技擊效果。內勁發於內，對方無法感知。如果力源在外膚，容易被對方感知感受，故能將己身融入對方身體裡，彼運我隨，對方的卸點即是我之發勁點，對方的發力點即是我之化點，同步化發，這有如電燈

之開關，一按（彼來力）電燈瞬間亮起來（我勁已至彼身），將對方化而後發，即化即發，千萬不要像日光燈與開關的關係，化與發的過程還要經過切換且停頓在安定器的轉換後，日光燈才亮起來，慢了。

要做到主客同體，主動在彼，被動在我，必須身不妄動，手不妄隨，靜定而能捨己從人，不招不架，祇是一下。例如對方如果伸手向你問勁，你的手必須不伸不曲，不轉，你的腳必須不蹬不撐，似乎靜定在那，佇在那裡，一動也不動，此時祇要彼使一點點勁，你就能感知感受到。修養到主客同體，覺知在我，不在彼的妙境。

Q：頂頭懸，百會似有一條線，且有人拉著線頭，把頭往上提，兩腳須浮起，那不就無根了嗎？

A：是兩腳似離地，非浮起。鄭宗師云：「按頂頭懸者，譬如有辮子時，將其辮子繫於樑上，體亦懸空離地，此時使之全身旋轉則可。」

這有如手上拿著鐵鍊的上端，讓整條鐵鍊垂向地面，使下端離地。上端與地心引力對抗，下端則順著地心引力而下。鐵鍊有重量，質量密實，故能形成對拉拔長，節節貫串。所以當你移動或旋轉上端時，下端亦靈活跟著擺動或旋轉。這就是無根之根。設你將鐵鍊下端一至二節接觸地面，則鐵鍊必失去貫串，下端無法隨上端而行。

人體亦然，把鐵鍊上端想像成頭髮被懸起，下體離地，（是意的離地）就能虛實轉換裕如，旋轉自如，此所謂虛實轉換，互為其根也。這無根之根，就能騰挪，能閃

戰。所謂湧泉無根腰無主,力學垂死終無補。

Q:我在站秘練五行樁時,感覺腹內熱滾滾的,這和意守丹田,氣沈丹田有何關係?

A:談到氣,是中華獨特的文化,中國人談氣,有三,由父精母血結合而成之生命元氣曰先天氣。出生後,以肺吸入大地氧氣與攝取五穀共同生化而成曰後天氣,亦稱營衛之氣。先天氣與後天氣在丹田結丹曰真氣,真氣養元神,生命才可繼續運作。

太極拳的修練就在於蓄集真氣,有如空氣壓縮機在收集空氣和飲食生化營衛之氣而結丹於丹田。過程必須意守丹田,讓真氣源源不斷地蓄入丹田,沈積於丹田,有如將氣化的瓦斯濃縮成液化瓦斯,蓄集在瓦斯桶。要使用時才慢慢氣化出來使用,氣旺血足讓氣血運行於肌筋百骸。

林木火老師把這形容為銀行存款,存得愈多,就不虞以後提用,比喻再洽當不過了。鄭宗師將此喻為火在下、水在上,水火相濟,就是心與氣相守於丹田。時時莫忘那個,丹田就有股熱氣上騰,氣遍全身不稍滯也。

Q:何謂氣沈丹田?氣斂入骨?

A:氣沈丹田是太極拳十要之一,此處所指為下丹田,位於腹部臍下一吋三分處,道家亦稱氣海,仍積氣之所在。氣者,真氣也,乃空氣由人體呼吸器官進入肺部,形成後天之氣,進入丹田與先天氣結合成真氣,使其積沈於丹田。

操作時，將空氣吸入後與口中津液結合，再吞嚥緩緩送入丹田，有如水蒸氣經冷卻成為水滴，使其源源而下沈入丹田。但初期修練太極拳以自然呼吸為主，當練到相當火候，自然會形成腹部呼吸，吸氣時，讓橫膈膜上升，胸部擴大，腹部內收。呼氣時全身放鬆，讓橫膈膜下降，腹部外凸。在一呼一吸間，橫膈膜可以自由上下移動，促進腹部五臟六腑血液之運行。可謂腹內鬆淨氣騰然。進而使氣遍身軀不稍滯，而至牽動往來氣貼背，斂氣入骨也。氣沈丹田能練精化氣，練氣化神，練神還虛，練虛還道，提升精氣神，強化命門之火，達水以濟火，即陰陽相濟也。

Q：老師，轉換虛實須留意，到底要把意留在哪裡？

A：以兩腳轉換虛實論之，當然是把意念留在虛腳。當右實腳往下鬆沈時，是實。則左腳是虛。在右實腳鬆沈轉時，必須把意念放在左虛腳。如此才能取得兩腳的平衡，與對稱關係。

Q：何謂本力、拙力？

A：本力者，由自我意志領導之行為力量，人之初生，無行為控制能力，純任自然，全身之活動，不受意識所控制，曰無本力。譬如初生嬰兒，無行為控制能力，大腦無法指揮括約肌，大小便無能力自我控制，故嬰兒無本力，身心全然放鬆。然隨歲月漸長，心智漸成熟，本力亦逐漸增加，增強，拙力亦隨之而生。

Q：何謂肩退胯進？

A：此發長勁之功法也。發勁於無形，使對方在不知不覺中，騰空而出也。吾師嘗謂：「此名曰肩退胯進，為身法、手法、步法之整體應用，所謂上半身須輕靈，下半身須鬆沈，力貫指梢。」分雙人雙手對練，雙人單手對練。首先兩人左右平行站立，各出左腳為弓步，腳尖與對方腳跟併齊，兩腳間隔一腳幅之寬度。

雙方左右兩手心相貼，小臂相貼合。即甲方左手心按乙方之右手心，右手貼乙方之左手背或僅出左手與乙方右手相貼成按式。當甲方鬆沈後腳，兩胯向前貼近乙方時，肩膀須往後退，兩手伸直向前按出，致手心向下，此即肩退胯進也。乙方則鬆沈後腿，向下坐實，兩小臂隨勢貼近兩大臂，肘尖不動，兩手心微上揚，為按勁。類近老龍出海，唯老龍出海為單練，肩退胯進為兩人對練，在餵勁與接勁中討消息。

此功法必須特別注意，小臂幾與大臂、胸部貼合呈平行，肘與膝在一條垂線上，肩退胯進時，手心向下，指梢向前，意想夾脊之拉伸，兩肩向前圓撐，後腳有接地之力。全身分小腿、大腿、脊柱、大臂、小臂與腳掌其六節，即踝、膝、胯、肩、肘五個轉折點，此式可換腳對練。

在應用時收尾閭，以腰胯侵入對方中襠，謂之胯進，同時讓肩膀往後退，製造出打人發人的空間，謂之肩退，亦就是肩與胯之槓桿原理。

Q：何謂腳下有根，間架要整？

A：修練太極拳者，歷經基本功的磨練與行拳走架。改變了身體的結構與物理力學與建築結構力學均有關。一棟建築物打好地基後，建築物的結構要合理、協調、對稱就能支撐起一定的重量。太極拳的間架也一樣，全身協調一致，各部安排妥當，中正圓滿，姿勢角度準確，是一完整造形，就能支撐八面。

Q：老師，打太極拳如何才能神舒體靜？

A：這是修養的問題，保持心情平靜，就能隨遇而安。但對於初學者，對於熟悉的環境，熟識的人、事、物，比較能放心得下。因此行拳走架，找個熟悉的環境，的確較能放得開。站樁時，要站到內心去，從心開始，凝神斂氣，放鬆自己，我習慣在大清早起床後，活動筋骨，靜坐，然後到陽台站樁。如果有幾位同好一起，也會增加磁場的能量。

Q：兩腳虛實轉換在尾閭，這句話我始終無法體悟？

A：這是我老師之銘言：「兩手虛實轉換在夾脊，兩腳虛實轉換在尾閭。」夾脊尾閭是人體上下兩個支點，亦可稱為陰與陽的中心點，有如天平的中心支點，設天平之兩端放上等重之法碼，祇要輕碰其任何一端，就會以中心支點為主，左右來回擺動，這就是陰陽、虛實之轉換。設將一邊的法碼拿掉，則左右兩邊失去陰陽相濟，就會形成恆定，不動，就不是太極拳。故曰：「雙手知陰陽，手上

便有分寸，兩腳分虛實，腳下便有斤兩。」

Q：老師，無論是拳架、基本樁功或推手，您都強調收小腹，小腹一收，氣不是就上浮了嗎？

A：其實我在要求你們收（縮）小腹時，都會同時要求你們必須尾閭前收，因為唯有收小腹，尾閭前收，才能讓前胸肋骨下密，立身中正，切記，並非刻意縮緊小腹，而是微收小腹，呼吸自然。然後氣才能沈於丹田，人體之重心才能下沈到湧泉。

Q：何謂身俱五弓？

A：指太極拳身法，須俱有五張弓。所謂文者練任脈，武者練督脈，文者，陰也，內也，武者，陽也，形也。此內外兼修也，人體像一張弓，任脈是弓弦，督脈是弓背。百會與湧泉呈弓之兩端，腰胯呈弓弦之中點，身體形成五張弓。

身腰氣勢形成四面八方的伸縮性，一弓也。由夾脊橫向兩手指梢，讓雙手俱靈機，閃戰，聽勁準確，二弓也。開胯圓襠，以兩腳湧泉為弓之兩端，使湧泉有根，虛實轉換，一瞬間，騰挪自如，三弓也。左腳對應右手，四弓也，左手對應右腳，五弓也。

Q：何謂太極拳功夫的五個層次？

A：此仍陳氏太極拳把功夫分為五個層次。

由著熟到懂勁前，動作僵硬，外剛而內空，謂「一陰

九陽跟頭棍」。克服了僵累之勁，頂丟之病，但尚達不到圓活順遂的層次，謂「二陰八陽是散（四聲）手」。逐漸掌握了太極拳的內外要求和運動規律，有了自我調整的能力，技擊上也達到一定的水準，謂「三陰七陽猶覺硬」。接近成功，意氣換得靈，內部調整快，發勁乾脆，落點準，動作小，威力大，功夫造詣已顯高深，謂「四陰六陽類好手」。內氣充沛，陰陽平衡，身體各部位靈活，動作反應敏捷，達到周身無處不是手，挨著何處何處打的神奇境界，謂「五陰五陽成妙手」。然常言道，人外有人，天外有天，學功夫是無止境的，千萬不要被此五層次所束縛。

Q：何謂八虛？

A：太極拳練鬆，必須八個鬆點，讓每個鬆點含虛、鬆柔，此八個鬆點為兩腋窩前、兩胯窩（鼠蹊部）、兩膝後窩與兩踝前凹處（不含肘窩），此亦為直立的人體從頭到腳的八個曲伸關節處。護心樁第二、三式特別注重八虛的修練。

Q：何謂四正推手之心法？

A：打手歌云：「掤履擠按須認真。」認其真，一為認其正確練法，一為不輕忽也。何為正確練法，兩人推手，須從手法、身法、步法、心法去體，去用，有體斯有用。沾黏貼隨，默識揣摩，不丟不頂中討消息，掤是四正四偶的總手，是十三勢的刺候，身體的偵查兵。

261

推手八字訣解曰：「掤，架也，俗曰招架，在太極拳中，其功用，由下而上掤架敵，使力不得著我，又可以烘托敵人之手足，皆掤之用也。」此之謂既不能頂抗，亦不能丟逃，唯有處處沾黏貼隨，才能聽知對方身體的訊息而加以反應。所謂「人不知我，我獨知人。」在對方按我掤手時，長手必沾黏對方之對應手，然後施以小臂履對方之肘部，在對方使力之同時，我掤手不丟，長手攔在對方肘部，挒勁使對方失勢，在挒之同時，是以腰轉肘挒，此為身法。

心法是開合，是掤手不丟的總樞紐，如何才能掤而不丟呢？由夾脊開合，能開合則掤手才能鬆。就如刺侯躲在暗處，隨時必須保持警覺又能讓對方討不到消息。

Q：何謂三點金定住與五點金定住有何不同？

A：三點金定住是指下盤的三個定點，在站樁時意念要守在這三點，即兩腳平行站立，與肩同寬，尾閭與兩膝尖形成人體下盤的正三角形的三個角，為人體的三點金。所謂屈伸開合聽自由，不管身體怎麼動，下盤的這三點，都必須有定住的意念，以維持身體的中定。

而五點金定住則是指全身的五個定點，即將尾閭的這一點提升在丹田，再加上兩肘尖，不管是拳架或推手時，都要把整個腰胯定住，不可移胯挪臀。然後，在轉腰開合胯時，兩肘尖不可主動，必須隨腰胯之開合而行，此即為腰帶手動，手隨腰動。

如果兩肘尖後撤超過身體的前半身（*兩側中線*）就是

動手。此要點可以從護心樁第二式與第三式體會之。拳架上步七星之定勢也必須貫徹五點金定住的意念。

Q：老師，打太極拳的速度到底是快，還是慢，哪一種比較好？

A：行拳走架以自己感覺最自然最舒適為上，祇要抓住楊祖師太極拳十要，一趟拳演練下來，綿綿不斷，滔滔不絕，全身毫無斷續處，毫無凹凸處，毫無缺陷處，似行雲流水般，天人合一。陰陽虛實轉換輕靈，就是一套好拳，何必計較行拳的快與慢，姿勢的高低，腳要跨得多大，手要擺在哪，呼吸要怎樣配合，其實這些都是旁枝末節也。

設如你瑣事煩心，無法把心靜下來，勉強行拳，有何意義。行拳走架，要求定、靜、安、慮、得。然做為有靈性、有情緒、有思想的人類，難免有情緒的起伏，精神之渙散，親情之牽絆等不如意事接踵而來。情緒的起伏，影響行拳的快慢，無法把拳打到心裡，一切都是白搭。因此首要之事必須把心靜下來，心無旁騖，才能打出一趟好拳。但反思之，當你瑣事纏身，心煩氣躁，如果能藉著行拳走架，把心靜定下來，更是太極拳對身心修為的好處。

Q：人體的中心垂線到底是從百會到尾閭或從百會到湧泉？

A：人體有三條中心垂線，當你在中定之位置時，人體的中心垂線是在百會到尾閭，當人體之兩腳在做虛實轉

換時，人體的中心垂線是從百會到兩湧泉左右互換的。

太極拳的運動就是如何讓這三條中心垂線，不管身體如何移動，但無論如何這三條垂線都必須束結起來。就像三股麻線把他束結成一根繩子般，才能讓身體保持平衡、對稱此：「一動全動，內動外不動也。」所謂單線不成線，學者須悟之。

Q：何謂扒牆觀遠？（讀者來電）

A：此出自《神遊太極》第一輯173頁，頂頭懸如扒牆觀遠。記得小時候，周日跟著哥姊們到學校去。因為怕影響教室內學生的自習，所以哥姊們就不准我們這些小蘿蔔頭進入教室。但居於好奇心，小蘿蔔頭就會扒在牆上，隔著窗戶，把身體懸在半空中，看著教室內有何動靜。這種將雙手扒住牆頭，小臂緊貼牆面，大臂再貼住小臂，把身體懸在空中，把頭伸出牆頭，收下額，以下額頂住牆頭，兩眼注視前方。即是「扒牆觀遠」，有頂頭懸之意也。

Q：何謂等量同速，無秒差？

A：指太極拳推手而言，在訓練時，沾連黏隨，不丟不頂，就是等量同速。等量者，對方來多少力，我就接多少力，同速者，對方來力快，我就跟著快，對方來力慢，我就跟著慢，如影隨形。即對方要多少，就給多少，不管時間或空間都順隨對方，這就是等量同速無秒差。如果能練到此層次之太極功夫，則能讓對方感覺我之身形如捕風

捉影，亦就是主客同體矣。

等量同速亦可喻自體旋轉的整體勁與貫串勁，是毫無間隙的，比如一個圓球的轉動，是一中等長，圓周體的每一分子均一動全動。

Q：何謂下腰？

A：下腰者，把腰身垂直往下降也，腰身是人體主要的重心，這重心有如建築工地的打樁器，能讓這重心垂直鬆沈下降，不偏不移，就能為推手之接化打下基礎。鬆胯、摺胯，豎脊樑是下腰的必要條件，而下腰也為兩臂鬆化開合創造有利條件，也為鬆化來勁創造有利空間。吾師精簡五禽戲之六合法與開胯圓襠功的龍行三折，就是練習鬆胯下腰最佳功法。

Q：何謂動盪？

A：鄭子太極拳最注重動盪，楊澄甫祖師謂之水中踩葫蘆，吾師以水中踩汽油桶稱之，人體如汽油桶，內氣如桶內之半桶水，當踩動汽油桶時，其轉動之慣性會帶動內部的水微動，由於地心引力的關係，內部的半桶水會隨地心引力而下沈而產生反向餘動，故當左右踩動汽油桶時，內部的水也會隨其左右動盪，踩動汽油桶的間距越大，內部半桶水所產生的動盪就愈強，且不會間斷。

太極拳之動盪，把人體喻為汽油桶，內氣喻為桶內水。陶炳祥師伯則把動盪喻為水中上下浮沈之浮木。

Q：老師，內熊經與外熊經的走法怎麼區分？

A：重心在右腳，向右轉腰就是外熊經，重心在右轉，向左轉腰就是內熊經。轉腰時，重心在實腳，虛腳須留意，定住兩膝，胯要開要落才能使上半身入筍，才能達到中靈的功夫。譬如，當你走外熊經時，重心在右實腳，首先必須將左腳的意念往左。才能輕靈地向右轉，又走內熊經時，重心在右腳，左虛腳的意念往左，形成對拉拔長之勢，轉腰才輕靈。無論是熊經或椿功都必須記住：「實腳鬆沈虛腳提，重心不能移」之要訣。

Q：天罡穴到底在哪裡？要如何提天罡？

A：天罡穴者，女人之陰道穹窿，男人之貯精囊前端，為生命之門。提天罡者，縮小腹，尾閭前收也。此內家之功法。常人誤以為提天罡乃提肛，非也，提肛必致濁氣上升，違反清升濁降，吐故納新之原理，必致頭昏腦脹，便秘、疾病叢生，須特別注意。另女人之外陰部，容易感染細菌，而導致發燒疾病。保持陰部的乾淨是女人的第一要務。故女人在方便後，以衛生紙擦屁股時，切記養成往後擦拭的良好習慣，切勿往前擦拭，以免陰部受細菌感染。

Q：為什麼把身體的鬆沈比喻為水銀瀉地？

A：物質有三態，曰，氣態、液態、固態。水銀仍液態中密度最高，質量最重的物質之一，其特性為內聚力與外張力都特別強，所以當它由上往下傾瀉時，受地心引力

的影響，是液態中速度最快的，以此比喻太極拳身體往下的鬆沈勁，要如水銀瀉地般，又當它抵達地面後，受地面凹凸不平與其本身內聚力與外張力的影響，會形成滾球狀往低處滾動，以此喻太極拳鬆沈的滾勁。有如荷葉上的滾珠，可隨勢滾動，此大珠小珠落玉盤也。

Q：摟膝按掌的身形？

A：弓步摟膝按掌的身形為前七後三之弓步，前腳如實地向下栽植，即前小腿如直向地面垂正，後腳三分活力向前推進，即後腳微曲向前送勁也。

此式之重點在於前膝尖必須對準該腳中趾，而後腳膝尖對準該腳第四趾，兩胯擺正。上半身得中，即眼神平視、意向前方、摺胯、豎脊樑。

推手時，如對方按你之前胸，祇要將意念擺在後腳外緣，往下鬆沈，前腿之胯意向下，膝意向前就能化解並接住對方來勁，並化之於無形。

後記　太極拳的玄機

　　所謂人生不如意事，十常八九，意指人生並不常處順境，也不完美，甚至橫逆叢生。但無論如何，生活總是要過，抱著樂觀進取的態度去面對，凡事處之泰然，生活將更愜意。

　　晨起突然來的一場滂沱大雨，也許會讓你難得的假期泡湯。抱著隨遇而安的心情，接受它的洗滌，雨中行則別有一番滋味在心頭，就讓這場大雨洗淨你那煩躁的心情，掃盡往日的苦悶。

　　當雨過天晴，陽光再次普照大地，頓覺豁然開朗。記住，美麗的彩虹總是在大雨過後才在天空綻放。

　　事後迴思，那天晨起的一場大雨，讓我人生轉個彎，成為與先師結緣的媒介。從那天起，太極拳就天天陪伴著我。也許人生本是如此，「山窮水盡疑無路，柳暗花明又一村」。

　　態度決定生活的品質，改變思維，面對未知的人生，保有一顆純潔又開朗的心，把心放空，去接受各項人生的磨練與挑戰，生活將更有廣度與深度。佛偈云：「明鏡本無台，菩提亦非樹，本來無一物，何處惹塵埃。」放下心中的罣礙，更顯得海闊天空。

　　冬盡春來的北極大地，剛從雪洞裡探出頭的北極熊寶寶。面對眼前一片白茫茫的雪白大地，既陌生又好奇。猶

豫三顧後，終於勇敢地跟在母熊的背後，邁開腳步前行。如果沒有保有一顆冒險的心與勇氣，如何去探索這未知的世界。電視頻道這幅北極熊生活的寫照，提醒我在生命與生活交織的旅途中，總有一些無奈與波折。

但晨起的鳥叫、夜伏的蟲鳴，都能為我們奏出悅耳的樂章，趁著鳥叫蟲鳴的當下，打一趟流動的太極拳，和同好們練練推手，讓心情沉澱，身後紛擾的世事，盡付太極禪語的笑談中，何等快意。徜徉在太極舞曲的大地，把往日種種當作五線譜裡跳動的音符。事過了，境遷了，明天又是美好的開始。

人生總要留下有意義的篇章，把握當下，活在當下，做該做的事，抱著積極的態度，面對人生，莫等閒，蹉跎了歲月。萬丈高樓平地起，及時紮好太極拳的根基，若心存「今天不運動，還有明天」的藉詞，對健康何益？明日復明日，明日何其多，我生待明日，萬事成蹉跎。曾經失去健康的人，才能體會健康的可貴。健康不能等待，運動也要及時。我曾經歷身體的各項病痛，全身25%的三度燒傷的苦痛，肺部纖維化的煎熬。早年多舛的身體，讓我下定決心要照顧好身體，學習太極拳讓我打破醫師給我「人生無法超越五十」的魔咒。更讓我有健康的身心與勇氣面對往後每一天的挑戰，就像旭日東升，日復一日地向前行。

人生從「一」開始，依靠健康的身體積累財富與知識，一旦失去健康，生命消失了，代表「一」（身體）沒有了，後面再多的零都毫無意義。所以健康的身體代表一

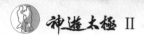
切，如何讓這健康的「一」延續，才是生命花絮裡該追求的天機。

秋蟲春鳥，共暢天機，晨唱夜吟，遊於太極。人生走一回，何必浪生悲喜，面對讒言謗語，無法躲避，處之泰然，唾面自乾。生命的負擔，勢必得等到我們了然一切，願意坦然面對，才會有轉折。西方名電視主持人歐普拉女士說：「人生遇到挫折，轉個彎。」太極拳的深奧哲理與各項科學印證就在轉彎的世界裡，總能讓我夙夜匪懈，窮一生精神去探索與尋覓。

走到中年，生命與生活就在起伏交錯中跌宕流逝，生老病死是人生必經的過程，沿途的顛顛簸簸，就像咀嚼不同口味的巧克力，有苦也有樂，既然是苦樂參半，何必愁眉苦臉，不如轉個彎，豁達去面對。休息一下，獨自享受在太極鬆柔的世界裡。唐・李白詩仙猶能月下獨酌，享受寂寞，而在我們身邊有太多太極同好結伴而行，練拳的日子並不孤寂，為了健康更該奮起。

三十多年了，歷經人事滄桑與更迭，隨著先師的腳步，學習與體悟。學習太極拳，也讓我學會謙卑。回頭再次領會與先師相處的歲月裡，每次每次都有心馳神會的感動。先師對拳功的喜愛，孜孜矻矻，那種朝乾夕惕的奮發，更讓師兄弟們嚮往。先師是個播種者。經常在他身上默識揣摩，無形之中，早已把這鬆柔勁之拳功的種子深埋在我們心裡，祇要勤加灌溉施肥，這顆深埋心中的種子終將會發芽、茁壯，開花，結果。如今，先師已遠去，典型在夙昔，懷念與感恩、思念時常縈繞我心裡。也成為我付

梓《神遊太極》的動力。

孔子曰：「可與共學，未可與適道，可與適道，未可與立，可與立，未可與權。」詩經亦云：「唐棣之華，偏其反而，豈不爾思，室是遠而。」孔子曰：「未之思，何遠之有。」唐棣者，常棣也，仍一植物名，其花反而後合。此詩大意謂：祇要你真心追求我，就算是到我家的路程既偏僻又遙遠，你也能想盡一切辦法過來。孔子引此詩釋權變，即常道與權道之變通，常道如果行不通，只要用心，通權達變，從反面思考，也可以達成預定的目標。而太極拳就是一種必須用心反思與真心堅持的功夫。

人生的旅途，不容耽擱，學習拳道，與其臨淵羨魚，不如退而結網。切莫等閒，白了少年頭。曾記得兒童時代有首童詩曰：「日曆，日曆，掛在牆壁，一天撕去一頁，使我心裡著急。」願我同好，在撕去日曆的同時，也能為太極功夫添加一張紙。共勉之。

莊茂山　謹識

2014.06

國家圖書館出版品預行編目資料

神遊太極　第二輯／莊茂山　著
——初版——臺北市，大展，2015 [民104.06]
　面；21公分——（武術特輯；153）
ISBN 978-986-346-072-5　（平裝，附數位影音光碟）
1. 太極拳
528.972　　　　　　　　　　　104005883

神遊太極　第二輯（附DVD）

著　　者／莊　茂　山

責任編輯／孟　　甫

發 行 人／蔡　森　明

出 版 者／大展出版社有限公司

社　　址／台北市北投區（石牌）致遠一路2段12巷1號

電　　話／(02) 28236031・28236033・28233123

傳　　真／(02) 28272069

郵政劃撥／01669551

網　　址／www.dah-jaan.com.tw

E-mail／service@dah-jaan.com.tw

登 記 證／局版臺業字第2171號

承 印 者／傳興印刷有限公司

裝　　訂／承安裝訂有限公司

排 版 者／千兵企業有限公司

初版1刷／2015年（民104年）6月

定　價／350元

大展好書　好書大展
品嘗好書　冠群可期